plurall

Parabéns!
Agora você faz parte do **Plurall**, a plataforma digital do seu livro didático!
No **Plurall**, você tem acesso gratuito aos recursos digitais deste livro por meio do seu computador, celular ou *tablet*.
Além disso, você pode contar com a nossa tutoria *on-line* sempre que surgir alguma dúvida sobre as atividades e os conteúdos deste livro.

Incrível, não é mesmo?
Venha para o **Plurall** e descubra uma nova forma de estudar!
Baixe o aplicativo do **Plurall** para Android e IOS ou acesse **www.plurall.net** e cadastre-se utilizando o seu código de acesso exclusivo:

AASH68MM2

Este é o seu código de acesso Plurall.
Cadastre-se e ative-o para ter acesso aos conteúdos relacionados a esta obra.

CB123859

@plurallnet

@plurallnetoficial

SOMOS EDUCAÇÃO

William Roberto Cereja

Professor graduado em Português e Linguística e licenciado em Português pela Universidade de São Paulo (USP)

Mestre em Teoria Literária pela Universidade de São Paulo (USP)

Doutor em Linguística Aplicada e Estudos da Linguagem pela PUC-SP

Professor da rede particular de ensino em São Paulo, capital

Carolina Dias Vianna

Professora graduada e licenciada em Português pela Universidade Estadual de Campinas (Unicamp)

Mestra em Linguística Aplicada pela Universidade Estadual de Campinas (Unicamp)

Doutora em Linguística Aplicada pela Universidade Estadual de Campinas (Unicamp)

Professora das redes pública e particular de ensino nos Estados de São Paulo e Minas Gerais

Autores também de:

Português: linguagens (6º ao 9º ano)

Português contemporâneo (ensino médio)

William Cereja é autor também de:

Obras para o ensino fundamental:

Português: linguagens (1º ao 5º ano)

Gramática — Texto, reflexão e uso (6º ao 9º ano)

Gramática reflexiva (6º ao 9º ano)

Interpretação de textos (1º ao 9º ano)

Obras para o ensino médio:

Português: linguagens

Literatura brasileira

Literatura portuguesa

Gramática reflexiva

Texto e interação

Interpretação de textos

8

TODOS OS TEXTOS

Uma proposta de produção textual a partir de gêneros e projetos

6ª edição

Atual Editora

Editora Saraiva

Direção Presidência: Mario Ghio Júnior
Direção de Conteúdo e Operações: Wilson Troque
Direção editorial: Luiz Tonolli e Lidiane Vivaldini Olo
Gestão de projeto editorial: Mirian Senra
Gestão e coordenação de área: Noé G. Ribeiro
Edição: Daniella Szeko Zerbinatti, Fernanda Carvalho, Mônica Rodrigues de Lima e Paula Junqueira
Planejamento e controle de produção: Patrícia Eiras, Adjane Oliveira e Felipe Nogueira
Revisão: Hélia de Jesus Gonsaga (ger.), Kátia Scaff Marques (coord.), Rosângela Muricy (coord.), Aline Cristina Vieira, Ana Curci, Ana Paula C. Malfa, Brenda T. M. Morais, Gabriela M. Andrade, Hires Heglan, Kátia S. Lopes Godoi, Lilian M. Kumai, Luciana B. Azevedo, Luís M. Boa Nova, Luiz Gustavo Bazana, Marília Lima, Maura Loria, Patricia Cordeiro, Paula Rubia Baltazar, Paula T. de Jesus, Ricardo Miyake, Vanessa P. Santos; Amanda T. Silva e Bárbara de M. Genereze (estagiárias)
Arte: Daniela Amaral (ger.), Catherine Saori Ishihara (coord.) e Carlos Magno (edição de arte)
Diagramação: Arte Ação
Iconografia e tratamento de imagem: Sílvio Kligin (ger.), Claudia Bertolazzi (coord.), Cristina Akisino e Mariana Valeiro (pesquisa iconográfica), Cesar Wolf e Fernanda Crevin (tratamento)
Licenciamentos de conteúdos de terceiros: Thiago Fontana (coord.), Ricardo Corridoni (licenciamento de textos), Erika Ramires, Luciana Pedrosa Bierbauer, Luciana Cardoso Sousa e Claudia Rodrigues (analistas adm.)
Ilustrações: Brenda Bossato, Daniel Zeppo e Thais Circelli
Design: Gláucia Koller (ger.), Aurélio Camilo (proj. gráfico e capa) e Erik Taketa (pós-produção)
Foto de capa: Peanuts, Charles Schulz © PNTS - Peanuts Worldwide LLC. / Dist. by Andrews McMeel Syndication, AC Manley/Shutterstock, Mehaniq/Shutterstock, Esenin Studio/Shutterstock, Mehaniq/Shutterstock, Art Directors & TRIP/Alamy/Fotoarena, andy taufik gunawan/Shutterstock e oculo/Shutterstock

Avenida das Nações Unidas, 7221, 1º andar, Setor A –
Espaço 2 – Pinheiros – SP – CEP 05425-902
SAC 0800 011 7875
www.editorasaraiva.com.br

Dados Internacionais de Catalogação na Publicação (CIP)
(Câmara Brasileira do Livro, SP, Brasil)

Cereja, William
Todos os textos 8º ano / William Cereja, Carolina Dias Vianna. - 6. ed. - São Paulo : Atual, 2019.

Suplementado pelo manual do professor.
Bibliografia.
ISBN: 978-85-5769-153-7 (aluno)
ISBN: 978-85-5769-154-4 (professor)

1. Lingua portuguesa (Ensino fundamental). I. Vianna, Carolina Dias. II. Titulo.

2019-0096 CDD: 372.6

Julia do Nascimento - Bibliotecária - CRB-8/010142

2020
CL 800960
CAE 648259 (AL) / 648260 (PR)
6ª edição
3ª impressão
De acordo com a BNCC.

Impressão e acabamento Gráfica Elyon

Uma publicação SOMOS EDUCAÇÃO

APRESENTAÇÃO

Caro estudante:

Cada um de nós tem muitos meios para se expressar: o gesto, o olhar, a palavra... Ah, as palavras...

Pontes de comunicação com o mundo e de interação entre as pessoas, as palavras chegam até nós pela fala e pela escrita. Vêm de viva voz ou escritas em livros, jornais, revistas. Vêm por telefone, pelo correio, pelas redes sociais, por *e-mail*, pelos aplicativos de mensagens... Vêm a todo momento: em histórias de nosso povo ou de países distantes; em quadrinhos que nos divertem; em poemas que nos fazem pensar e sentir emoções talvez nunca antes experimentadas; em propagandas, em cartões, cartas e notícias.

Assim como vêm, as palavras também vão: nas cartas que respondemos, nas histórias que contamos, nas opiniões que damos sobre as pequenas e grandes coisas que nos cercam. Vão também nos textos em que convidamos, em que informamos, em que protestamos, em que reivindicamos...

Este livro traz algumas ferramentas que vão ajudá-lo a lidar com a palavra e os textos, orais e escritos, nas mais diferentes situações. Para se apropriar delas, basta que você tenha o desejo de explorar os múltiplos caminhos da linguagem e a disposição para realizar projetos, como varal de poesia e livro de histórias, declamar poemas, fazer pesquisas e entrevistas, apresentar um seminário, participar de debates, etc.

Esperamos que, com seus textos, você possa agir e interagir com outras pessoas; argumentar e persuadir; reivindicar e protestar; informar sobre o mundo que o cerca ou relatar suas vivências e sensações particulares; transmitir conhecimentos e narrar histórias; fazer seu interlocutor ler por prazer, imaginar, sonhar, se divertir, se emocionar.

Um abraço,
Os Autores.

SUMÁRIO

UNIDADE 1

ENTRE O JORNAL E O CINEMA

[...] o cronista procura nele mesmo (ou melhor, numa ficção de si mesmo) os assuntos que possam tocar os outros. Todo mundo teve infância, todo mundo tem amigos que a vida afastou, mesmo quem não é pai ou mãe sabe o que é uma criança. Se ao falar do meu umbigo eu não cutucar o seu, a relação umbilical da literatura não se estabeleceu [...].

[...] Devo seguir falando da minha infância, de um amigo que reencontrei, dos primeiros passos da minha filha? Às vezes, acredito que sim: que a crônica existe para iluminar uns rincõezinhos assombreados do cotidiano, pra abrir nossos olhos para a graça que passa despercebida pelas esquinas — e que isso também é um ato político.

Outras vezes, porém, me vejo como um nobre gordo, na França, em 1788, comendo codornas enquanto o povo morre de fome, de bala ou é decapitado do lado de fora nos calabouços do castelo.

(Antonio Prata. O agudo e a crônica. Disponível em: https://www1.folha.uol.com.br/colunas/antonioprata/2013/05/1275051-o-agudo-e-a-cronica.shtml. Acesso em: 17/2/2019.)

Brenda Bossato/Arquivo da editora

Fique ligado! Pesquise!

Para você aprofundar seus conhecimentos sobre crônicas, escrita e jovens escritores, sugerimos:

Filmes

- *A menina que roubava livros*, de Brian Percival; *O grande livro*, de János Szász; *Vida de menina*, de Helena Solberg; *Adoráveis mulheres*, de Gillian Armstrong; *De volta para casa*, de Peter Faiman; *Sociedade dos poetas mortos*, de Peter Weir; *Uma aventura na América selvagem*, de William Dear; *O homem nu*, de Hugo Carvana; *O carteiro e o poeta*, de Michael Radford.

Divulgação/Europa Filmes

Livros

- *Crônica brasileira contemporânea*, de Manuel da Costa Pinto (Org.); *As 100 melhores crônicas de humor*, organização de Sandro Villar (Alta Life Books); *Cara ou coroa?*, de Fernando Sabino (Ática); *Festa de criança* (Ática), *Comédias para se ler na escola* (Objetiva) e *Comédias da vida privada* (L&PM), de Luis Fernando Verissimo; *100 crônicas*, de Mario Prata (Cartaz Editorial); *Nu, de botas* e *Meio intelectual, meio de esquerda*, de Antonio Prata (Editora 34); *Ladrão que rouba ladrão*, de Domingos Pellegrini (Ática); *O golpe do aniversariante e outras crônicas*, de Walcyr Carrasco (Ática); *De notícias e não notícias faz-se a crônica*, de Carlos Drummond de Andrade (José Olympio); *200 crônicas escolhidas*, de Rubem Braga (Record); *O dia do coringa*, de Jostein Gaarder (Companhia das Letras); *O menino no espelho*, de Fernando Sabino (Record); *Amor adolescente*, de Elias José (Atual); *Roteiro para TV, cinema & vídeo*, de Eliane Meadows (Nacional).

Reprodução/Editora Moderna

Sites

- www.estadao.com.br
- www.folha.com.br
- www.veja.com.br
- www.recantodasletras.com.br/cronicas
- http://curtaocurta.com.br/
- http://portacurtas.org.br/
- http://www.curtanaescola.org.br/filme/?name=partido_alto

Fique ligado! Escreva!

Na página ao lado, Antonio Prata afirma: "a crônica existe para iluminar uns rincõezinhos assombreados do cotidiano, pra abrir nossos olhos para a graça que passa despercebida pelas esquinas".

Que objetos, pessoas e fatos do cotidiano são pouco notados e valorizados por você e por outras pessoas e, no entanto, são extremamente importantes em nossa vida?

Um carinho, um gesto, uma palavra, uma pessoa, um sorriso, um animal, uma flor, um objeto qualquer... São tantas as coisas que podem dar um sentido especial à nossa vida...

Escolha um desses elementos e escreva um ou dois parágrafos, mostrando sua visão a respeito dele.

De olho no gênero

Traga para a sala de aula um jornal dominical de grande circulação.

Depois, com a orientação do professor, descubra em que caderno ou página do jornal há uma crônica. Leia-a para a classe. A seguir, troque ideias com os colegas: Os fatos a que a crônica se refere foram colhidos no noticiário jornalístico ou no cotidiano?

Após essa atividade com jornal, responda às perguntas abaixo e leia os textos que seguem.

- Você já leu algum livro de crônicas? Qual?
- Como esse livro é organizado?
- Como são as histórias: curtas ou longas?
- Qual é o assunto delas?
- Quem são os autores dos textos?
- Você gostou especialmente de alguma história? Por quê?

Eddie Cloud/Alamy/Fotoarena

Ikon Images/Alamy/Fotoarena

Crônica: a poesia em prosa, inspirada nos acontecimentos do dia a dia

Em um jornal impresso, encontramos notícias, reportagens, entrevistas, editoriais, cartas de leitores, críticas, anúncios, classificados. E, em meio a textos como esses, que tratam da realidade objetiva e compõem grande parte da matéria jornalística, encontramos também um texto mais livre, subjetivo, curto, bem-humorado, às vezes lírico, informal na linguagem: a crônica.

Bonfanti Diego/Getty Images

O cronista normalmente se inspira em fatos noticiados pelos jornais ou do cotidiano. Mas não os apresenta em sua forma nua, real. Ele os recria, interpreta, critica, mostrando outros ângulos por meio dos quais podem ser vistos e algumas vezes incluindo elementos ficcionais nas histórias contadas. Seu texto ora diverte, ora provoca, fazendo o leitor refletir sobre um acontecimento.

Assim, pode-se dizer que o cronista, ao produzir um texto que se situa entre o jornalismo e a literatura, é o poeta dos acontecimentos cotidianos.

Um pouco da história da crônica

Originalmente, crônica era um relato de acontecimentos feito em ordem cronológica. Na Idade Média, em Portugal, o historiador Fernão Lopes escreveu crônicas que relatavam os acontecimentos históricos do país e retratavam não apenas a vida dos nobres, mas também a sociedade.

No século XIX, com o desenvolvimento da imprensa, a crônica tornou-se um texto jornalístico cujo objetivo era comentar de forma crítica os acontecimentos da semana. Como as outras matérias, ela servia para informar o leitor.

Esse tipo de crônica apareceu na imprensa brasileira na segunda metade do século XIX. Com o passar do tempo, a crônica foi se tornando mais literária, com o uso de uma linguagem mais leve e a presença de pitadas de poesia e fantasia.

Vários são os escritores brasileiros de destaque nesse gênero. Entre eles: Machado de Assis, Rubem Braga, Fernando Sabino, Drummond, Paulo Mendes Campos, Rachel de Queiroz, Luis Fernando Verissimo, Mario Prata, Lourenço Diaféria.

Crônica, cronista e leitor

Primeiramente, a crônica é publicada em jornal e, como as demais matérias jornalísticas, nasce, envelhece e morre todo dia. Nesse contexto, ela se dirige a leitores apressados, que leem nos intervalos, entre os afazeres de sua vida cotidiana, no ônibus, no metrô, seja no jornal impresso, seja no *smartphone*, e pode até ser ouvida por meio dos *podcasts* veiculados pela Internet. A produção de uma crônica também tem relação com pressa e rapidez. O cronista dispõe de pouco tempo para escrever seu texto, pois muitas vezes este é publicado diariamente, e precisa ser rápido para acompanhar o desenrolar dos fatos. Por isso, a linguagem da crônica é informal e bastante próxima da que é usada em uma conversa entre amigos.

O cinema e os vídeos nas mídias digitais

Oficialmente, o cinema nasceu em 1895, em Paris, quando os irmãos Lumière apresentaram pela primeira vez ao público o cinematógrafo e projetaram o filme *Chegada de um trem à estação da Ciotat* (veja o filme no YouTube). A projeção causou tanto impacto que vários espectadores fugiram do cinema, com medo de serem atropelados pelo trem.

LUMIERE PICTURES/Album /Fotoarena

De lá para cá, o cinema passou por várias fases, entre elas a do cinema mudo (com ou sem legendas), na qual se destacou Charlie Chaplin, que também criou alguns dos primeiros filmes com falas. O cinema sonorizado, com justaposição de imagem e som, surgiu apenas no final da década de 1920.

Nas décadas seguintes, o cinema passaria a explorar temas variados e a atender a diferentes gostos do público: filmes de aventura, de guerra, histórias de amor, musicais, animações, etc. O cinema também serviu aos interesses de muitos governantes, como Hitler, na Alemanha, e Mussolini, na Itália.

Nas últimas décadas, o cinema hollywoodiano passou a investir em tecnologia, em busca de efeitos especiais, marcando um novo momento da arte cinematográfica, com filmes como *King Kong*, *Guerra nas estrelas*, *O exterminador do futuro*, *Parque dos dinossauros* e *Matrix*.

Os vídeos de curta-metragem existem desde a década de 1920, mas passaram a ser mais cultivados apenas há algumas décadas, estimulados por festivais que ocorrem em todo o mundo. Continuaram nas mãos de cineastas e produtores especializados, incluindo as agências de publicidade, até a chegada da Internet.

Com o advento da Internet e de equipamentos digitais cada vez mais acessíveis, como os celulares, passou a haver uma forte demanda por vídeos, como os disponíveis no YouTube, popularizando a produção e a circulação de vídeos. Com essa demanda, tem aumentado o interesse pelo **roteiro**, ponto de partida para a criação de um vídeo de qualquer natureza ou de um filme.

Oficina de Criação

Projeto ▸ Do livro à tela

Nesta unidade, você vai participar com os colegas da organização do evento **Do livro à tela**, no qual vão fazer o lançamento de um livro de crônicas da classe e apresentar, num Festival de cinema, os vídeos produzidos por vocês. Todo o material será elaborado regularmente nas aulas, ao longo desta unidade. Participe!

CAPÍTULO

1

A CRÔNICA

O gênero em foco

Leia esta crônica de Antonio Prata:

Um escritor! Um escritor!

Com o jornal numa mão e um guaraná diet na outra, eu caminhava pelas ruas de Kiev, desviando de barricadas e coquetéis molotov, quando a voz no sistema de som me trouxe de volta à poltrona 11C do Boeing 737: "Atenção, senhores passageiros, caso haja um médico a bordo, favor se apresentar a um de nossos comissários".

Foi aquele discreto alvoroço: todos cochichando, olhando em volta, procurando o doente e torcendo por um doutor, até que, do fundo da aeronave, despontou o nosso herói. Vinha com passos firmes — grisalho, como convém —, a vaidade disfarçada num leve enfado, como um Clark Kent que, naquele momento, estivesse menos interessado em demonstrar os superpoderes do que em comer seus amendoins.

Um comissário o encontrou no meio do corredor e o levou, apressado, até uma senhora gorducha que segurava a cabeça e hiperventilava na primeira fileira do avião.

O médico se agachou, tomou o pulso, auscultou peito e costas, conversou baixinho com ela, depois falou com a aeromoça. Trouxeram uma caixa de metal, ele deu um comprimido à mulher e, nem dez minutos mais tarde, voltou pros seus amendoins, sob os olhares admirados de todos.

Ou de quase todos, pois a minha admiração, devo admitir, foi rapidamente fagocitada pela inveja. Ora, quando a medicina nasceu, com Hipócrates, a história de Gilgamesh já circulava pelo mundo havia mais de dois milênios: desde tempos imemoriais, enquanto o corpo seguia ao deus-dará, a alma era tratada por mitos, versos, fábulas — e, no entanto...

Brenda Bossato/Arquivo da editora

No entanto, caros leitores, quem aí já ouviu uma aeromoça pedir, ansiosa: "Atenção, senhores passageiros, caso haja um escritor a bordo, favor se apresentar a um de nossos comissários"?

Eu não me abalaria. Fecharia o jornal, sem afobação, poria uma Bic e um guardanapo no bolso, iria até a senhora gorducha e me agacharia ao seu lado. Conversaríamos baixinho.

Ela me confessaria, quem sabe, estar prestes a reencontrar o filho, depois de dez anos brigados: queria falar alguma coisa bonita pra ele, mas não era boa com as palavras.

Eu faria uma rápida anamnese: perguntaria os motivos da briga, se o filho estava mais pra Proust ou pra UFC, levantaria recordações prazerosas da relação e, antes de tocarmos o solo, entregaria à mulher três parágrafos capazes de verter lágrimas até da estátua do Borba Gato.

De volta ao meu lugar, passageiros me cumprimentariam e compartilhariam histórias semelhantes. Uma jovem mãe me contaria do primo poeta que, num restaurante, ao ouvir os apelos do garçom — "Um escritor, pelo amor de Deus, um escritor!" —, tinha sido levado até um rapaz apaixonado e conseguido escrever seu pedido de casamento no cartão de um buquê antes que a futura noiva voltasse do banheiro.

Um senhor comentaria o caso muito conhecido do romancista que, após as súplicas de mil turistas, fora capaz de convencer 200 tripulantes de um cruzeiro a abandonar o gerúndio.

Eu sorriria, de leve. Diria "Pois é, se você escolheu essa profissão, tem que estar preparado pras emergências", então recusaria, educadamente, o segundo saquinho de amendoins que a aeromoça me ofereceria e voltaria, como se nada tivesse acontecido, para as bombas da Crimeia, com meu copo de guaraná.

(Disponível em: https://www1.folha.uol.com.br/colunas/antonioprata/2014/05/1459721-um-escritor-um-escritor.shtml. Acesso em: 5/2/2019.)

anamnese: histórico médico de um paciente, para análise de sua condição.

auscultar: ouvir ruídos do corpo a fim de fazer diagnóstico.

Clark Kent: personagem dos quadrinhos que se transforma no Super-Homem.

Crimeia: região da Europa disputada pela Rússia e pela Ucrânia.

deus-dará: à toa, ao acaso.

enfado: aborrecimento, tédio.

estátua de Borba Gato: monumento erguido em homenagem ao bandeirante Borba Gato, em São Paulo.

fagocitado: ingerido, absorvido.

Gilgamesh: personagem semilendário presente na *Epopeia de Gilgamesh*, do século VII a.C.

Hipócrates: médico e filósofo grego considerado "pai da medicina"; viveu de 460 a.C. a 370 a.C.

Kiev: capital da Ucrânia.

Proust: escritor francês, autor de *Em busca do tempo perdido*; viveu de 1871 a 1922.

UFC: sigla de Ultimate Fighting Championship, organização que promove eventos de artes marciais.

Quem é Antonio Prata?

Antonio Prata nasceu em São Paulo, em 1977. Filho do escritor Mário Prata, vem se destacando no gênero crônica, como o pai.

Estudou Filosofia, Cinema e Ciências Sociais, mas não chegou a concluir nenhum dos cursos. Descobriu sua verdadeira vocação na literatura e tem vários livros publicados, entre eles *As pernas da tia Corália*, *Inferno atrás da pia*, *Adulterado*, *Meio intelectual, meio de esquerda* e *Nu, de botas*.

Foi cronista da revista *Capricho*, do jornal *O Estado de S. Paulo* e, atualmente, publica suas crônicas no jornal *Folha de S. Paulo*, além de se dedicar ao romance e ao cinema.

Bruno Santos/Folhapress

1. O texto lido é uma crônica.

a) Antes de serem publicadas em livros, as crônicas costumam ser veiculadas em jornais e revistas. Em que jornal essa crônica foi publicada?

b) Que acontecimento motivou a escrita da crônica?

c) Partindo desse acontecimento, o cronista aproveita para criar uma reflexão sobre o próprio papel do escritor e da literatura na sociedade atual. De que modo a profissão de escritor é vista quando comparada à profissão de médico?

d) De que modo o tema é tratado no texto: de modo bem-humorado, irônico ou crítico?

2. Uma crônica é quase sempre um texto curto, com poucas personagens, que se desenvolve a partir de um fato ou de reflexões sobre um fato principal. Por essa razão, apresenta tempo e espaço limitados. Na crônica lida:

a) Quais são as personagens envolvidas no episódio narrado?

b) Qual foi o sentimento do narrador após a atuação do médico e ao presenciar a admiração de que o profissional se tornou alvo?

c) Para justificar o sentimento que teve, o narrador compara duas personagens históricas, Hipócrates e Gilgamesh. Que reflexão ele faz, ao contrapor medicina e literatura?

3. Em uma crônica, o narrador pode ser personagem (quando participa da história) ou observador.

a) De que tipo é o narrador na crônica "Um escritor! Um escritor!"?

b) Além de estar no avião no qual ocorre o episódio relatado, de que outra forma o narrador se torna protagonista da história?

c) Imaginando-se chamado para atender a uma passageira, qual procedimento o narrador adotaria para reconfortá-la?

4. Um cronista tem a atenção voltada para fatos do dia a dia ou veiculados em notícias de jornal e os registra com humor, sensibilidade, crítica e poesia.

a) Na crônica lida, que elementos indicam que o cronista partiu de um fato real para criar seu texto?

b) O que, na crônica, indica que o narrador é bastante imaginativo?

____

____

c) Levando em conta o que você sentiu ao ler essa crônica, assinale o item que traduz o objetivo desse gênero de texto:

( ) Tratar cientificamente de um assunto.

( ) Informar os leitores de um jornal sobre determinado assunto.

( ) Divertir os leitores e levá-los a refletir criticamente sobre a vida e os comportamentos humanos.

5. Leia o texto a seguir, de Vinícius de Morais, e compare-o à crônica de Antonio Prata.

[...] Modigliani — que se fosse vivo seria multimilionário como Picasso — podia, na época em que morria de fome, trocar uma tela por um prato de comida: muitos artistas plásticos o fizeram antes e depois dele. Mas eu acho difícil que um poeta possa jamais conseguir o seu filé em troca de um soneto ou uma balada. Por isso me parece que a maior beleza dessa arte modesta e heroica seja a sua aparente inutilidade. Isso dá ao verdadeiro poeta forças para jamais se comprometer com os donos da vida. Seu único patrão é a própria vida: a vida dos homens em sua longa luta contra a natureza e contra si mesmos para se realizarem em amor e tranquilidade.

("Sobre poesia". In: *Para viver um grande amor*. São Paulo: Companhia das Letras, 1991. p. 104.)

Arquivo/Folhapress

Vinícius de Morais, um dos expoentes da literatura e da música popular brasileira.

O que há em comum entre os textos quanto à visão que expressam sobre o papel do escritor?

____

____

____

____

6. Observe a linguagem empregada na crônica "Um escritor! Um escritor!".

a) Os fatos são narrados de forma impessoal e objetiva, isto é, em linguagem jornalística? Se não, como eles são narrados? Justifique sua resposta destacando palavras e expressões do texto.

____

____

____

____

b) Em relação à linguagem, a crônica está mais próxima do noticiário geral de um jornal ou de textos literários, como o conto, a fábula, o poema?

____

____

____

c) Que tipo de variedade linguística é adotada na crônica em estudo: uma variedade de acordo ou em desacordo com a norma-padrão? Ela é formal ou informal? Justifique sua resposta.

____

____

____

____

7. Reúna-se com seus colegas de grupo e, juntos, concluam: Quais são as características básicas da crônica? Respondam, levando em conta os critérios a seguir.

- finalidade do gênero:

____

____

- perfil dos interlocutores:

____

____

- suporte/veículo:

____

____

- tema:

____

____

- estrutura:

____

____

- linguagem:

____

____

Agora é a sua vez

Ao final desta unidade, você e seus colegas da classe vão participar da produção de um livro de crônicas e de um vídeo. Para dar início ao trabalho de confecção do livro, você vai agora produzir sua primeira crônica.

Proposta 1

Leia a notícia de jornal que segue, a fim de transformá-la numa crônica.

Quem é o índio isolado filmado pela Funai na Amazônia, último sobrevivente de sua tribo e 'o homem mais solitário do mundo'

Divulgação/Acervo/Funai

Um vídeo extremamente raro mostra imagens do índio isolado que é considerado o "homem mais solitário do mundo". Chamado de "índio do buraco", ele tem por volta de 50 anos e vive sozinho na Amazônia brasileira há 22 anos, desde que os últimos membros de sua tribo foram assassinados — ele é o único sobrevivente.

O vídeo foi divulgado pela Funai (Fundação Nacional do Índio) no YouTube [https://www.youtube.com/watch?v=MvHkZHgzvM0], na última quarta-feira. As imagens trêmulas e gravadas à distância mostram o homem cortando uma árvore com um machado.

A Funai evita o contato com grupos isolados e afirma que o índio do buraco já deixou claro que não quer ser perturbado, atirando flechas contra outras pessoas no passado.

"Ele passou por uma experiência muito violenta e vê o mundo como um local muito perigoso", afirma Fiona Watson, diretora da Survival International, uma organização sem fins lucrativos dedicada aos direitos de povos nativos, que já visitou a área onde vive o índio do buraco.

"Imagine passar 22 anos observando uma só pessoa. Planejando ações de vigilância do território onde vive, garantindo sua proteção contra ameaças externas. Nenhuma palavra trocada. Todo contato consistindo em fornecer alguns objetos que poderiam ser úteis para a sua sobrevivência. É esse o trabalho realizado pela Funai na Terra Indígena Tanaru, onde vive o indígena isolado popularmente conhecido como o índio do buraco", afirmou a Funai, na publicação no YouTube.

[...]

(Disponível em: https://www.bbc.com/portuguese/internacional-44911345. Acesso em: 6/2/2019.)

Leia, a seguir, a classificação que o estudioso Afrânio Coutinho faz das crônicas brasileiras e escolha uma delas para produzir sua crônica. Veja algumas possibilidades, entre outras que você pode criar:

- **crônica narrativa:** o texto seria a narração de uma história ficcional livre a partir da notícia do índio isolado;
- **crônica metafísica:** o texto poderia trazer reflexões sobre a solidão do índio ou sobre o fato de ser o último representante de sua comunidade ou, ainda, sobre o fato de ele se negar a ter contato com a civilização;

- **crônica-poema em prosa:** o texto seria um poema em prosa, lírico, criativo, com um rico trabalho de linguagem, fazendo uso de imagens e figuras de linguagem;
- **crônica-comentário:** o texto seria um comentário da notícia, porém um comentário com uma linguagem mais literária, cheio de reflexões, ou de crítica ou de ironia e humor.

Proposta 2

As crônicas podem nascer das situações mais banais do cotidiano. Veja, por exemplo, como Luis Fernando Verissimo cria sua crônica a partir dos adesivos que as pessoas colocam nos carros:

Fofinhos

Alguém já disse que a diferença entre humor autêntico e o fabricado é a diferença entre as frases de para-choques de caminhão e os lamentáveis decalcos de para-brisa de automóveis.

É verdade que os decalcos melhoraram um pouco desde o tempo do "Brasil, ame-o ou deixe-o"*. Ficaram, pelo menos, mais bem-humorados. Mas não menos lamentáveis. O primeiro decalco humorístico foi aquele que falava da mãe do Pluto, ai de nós. Quando os decalcos de faculdade se tornaram comuns — "Engenharia", "Psicologia" — apareceram variações: "Pepsicologia", "Brahmalogia", etc. E havia o que anunciava solenemente: "Não curso nenhuma faculdade.".

Hoje os decalcos informam tudo, desde que Jesus está chegando até que o dono do carro vive todo arranhado mas não larga sua gata. Outro dia me vi atrás de um carro que tinha escrito "Fofinho" no vidro de trás. No sinal emparelhei com ele e olhei para a cara do motorista. Era um senhor sério. Como já éramos mais ou menos íntimos — afinal, ele me dissera o seu apelido sem eu nem perguntar — sorri, amavelmente. Ele respondeu ao sorriso com uma cara de está pensando o quê? Definitivamente não estava para brincadeiras. E não tinha nada de fofo. O decalco provavelmente fora colocado a pedido de um filho.

Fiquei pensando nos homens circunspectos e nas mulheres embaraçadas que, para agradar a um filho ou um neto, rodam pela cidade anunciando que não são pipoca mas dão seus pulinhos ou que não são chiclé mas estão nas bocas. Que terríveis mal-entendidos não os ameaçam a cada esquina.

Brenda Bossato/Arquivo da editora

[...]

— Meu filho, esse não.

— Qual é? Este é o mais legal de todos.

— Meu filho, quem dirige o carro sou eu. As pessoas podem falar...

— Vai ser um barato, pai!

— Meu filho, por favor...

— Agora não adianta mais. Já colei.

E lá vai o pobre pai, anunciando para o mundo que é um picolé de chocolate: moreno, gostoso e se derrete todo. Ele dirige o carro tentando se esconder atrás do volante. Olha para todos os lados com ar de quem pede desculpas. Não sabe se ri, se fica sério para desencorajar qualquer intimidade ou se declara aos berros "Coisa do menino!" antes que lhe façam perguntas.

As cidades estão cheias deles. Falsos Fofinhos.

(*Novas comédias da vida privada*. 14. ed. Porto Alegre: L&PM, 1999. p. 246-247.)

* **"Brasil, ame-o ou deixe-o":** A expressão fez parte da propaganda do governo do general Emílio Garrastazu Médici, durante o regime militar. Depois, tornou-se *slogan* em adesivos de carro.

Faça como Luis Fernando Verissimo: pense em situações do dia a dia que, do seu ponto de vista, são engraçadas ou curiosas, ou em uma situação que tenha sido vivida por você: um susto, um sonho absurdo, um tropeção seguido de gargalhadas, um momento mágico na sala de aula ou em uma reunião entre amigos, uma declaração de amor não correspondida ou o "fora" de uma namorada, um comportamento inadequado em uma festa ou em um jantar, um elogio ou uma bronca constrangedora na frente dos colegas, um categórico **não** que você ouviu de alguma pessoa, uma conversa com um morador de rua, uma noite de Natal diferente, a primeira vez que subiu ao palco, uma diarreia em lugar e momento inadequados, uma situação no elevador, etc.

Planejamento do texto

- Pense no leitor: sua crônica será publicada no livro de crônicas da classe e no vídeo que você e seus colegas criarão para a **Oficina de Criação** desta unidade; portanto, terá como público colegas de sua turma e de outras, professores e funcionários da escola, pais e amigos convidados para participar do evento de lançamento do livro e do vídeo.
- Pense também em seus objetivos: você quer divertir o leitor, sensibilizá-lo ou fazer com que ele reflita sobre a situação que vai relatar em sua crônica?
- Adote um ponto de vista. Sua crônica poderá revelar sua imaginação e o modo como você vê a situação ou, então, a visão de uma das pessoas envolvidas no episódio relatado. Na proposta 1, por exemplo, pode ser a visão do próprio índio, ou a visão de um observador do índio ou a sua própria visão sobre o fato.
- Aborde o fato ou a situação procurando ir além do que aconteceu, narrando com sensibilidade ou com humor.
- Como sua crônica é narrativa, lembre-se de mencionar onde aconteceu o fato ou a situação e o período do dia (se era de manhã, de noite, etc.).
- Se quiser dar mais dinamismo à narrativa, utilize o discurso direto.
- Procure contar o fato ou relatar a situação de uma forma que envolva o leitor, despertando nele o interesse pela leitura do texto e a vontade de chegar ao final. Se possível, guarde uma surpresa para o fim, de modo a fazer o leitor refletir ou achar graça.
- Escreva de forma simples e direta, procurando proximidade com o leitor, e empregue em seu texto uma variedade linguística de acordo com a norma-padrão, menos ou mais formal, ou outra que seja mais coerente com o perfil das personagens.

Revisão e reescrita

Antes de passar sua crônica a limpo, releia-a, observando:

- se ela é construída a partir de um fato do cotidiano;
- se apresenta uma visão pessoal do assunto escolhido;
- se nela há os elementos narrativos básicos: tempo, espaço, personagens e, eventualmente, diálogos;
- se o texto ficou curto e leve e se sua leitura pode divertir o leitor ou levá-lo a refletir criticamente sobre o assunto;
- se a linguagem está adequada ao gênero, ao contexto e às personagens.

Finalizados os textos, guarde-os para em breve montar o livro de crônicas.

Para escrever com técnica

O discurso direto e o presente histórico construindo sentido

Leia esta anedota.

Desesperado, o chefe olha para o relógio, e, já não acreditando que um funcionário chegaria a tempo de fornecer uma informação importantíssima para uma reunião, liga para o cara:

— Alô! — atende uma voz de criança, quase sussurrando.

— Alô. Seu pai está?

— Tá... — ainda sussurrando.

— Posso falar com ele?

— Não — disse a criança, bem baixinho.

Meio sem graça, o chefe tenta falar com algum outro adulto:

— E a sua mamãe? Está aí?

— Tá.

— Ela pode falar comigo?

— Não. Ela tá ocupada.

— Tem mais alguém aí?

— Tem... — sussurra.

— Quem?

— O "puliça".

Um pouco surpreso, o chefe continua:

— O que ele está fazendo aí?

— Ele? Ele tá conversando com o papai, com a mamãe e com o "bombelo"...

Ouvindo um grande barulho do outro lado da linha, o chefe pergunta assustado:

— Que barulho é esse?

— É o "licópito".

— Um helicóptero?

— É. Ele "tlosse" uma equipe de busca.

— Minha nossa! O que está acontecendo aí? — o chefe pergunta, já desesperado.

E a voz sussurra, com um risinho safado:

— Eles tão me "ploculando".

(Paulo Tadeu. *Proibido para maiores — As melhores piadas para crianças.* 8. ed. São Paulo: Matrix, 2007. p. 11.)

Daniel Zeppo/Arquivo da editora

1. Observe o modo como a anedota é construída. Nela, além de algumas poucas falas do narrador, há, predominantemente, falas das personagens.

a) Como as vozes das personagens são reproduzidas: por meio do discurso direto ou do discurso indireto?

____

b) Oralmente, passe as falas das personagens do trecho a seguir para outro tipo de discurso, diferente daquele que você identificou no texto.

"Desesperado, o chefe olha para o relógio, e, já não acreditando que um funcionário chegaria a tempo de fornecer uma informação importantíssima para uma reunião, liga para o cara:

— Alô! — atende uma voz de criança, quase sussurrando.
— Alô. Seu pai está?
— Tá... — ainda sussurrando.
— Posso falar com ele?
— Não — disse a criança, bem baixinho."

c) Compare o resultado das transformações que você fez ao texto original e conclua: Que efeito de sentido o tipo de discurso adotado pelo autor atribui à narrativa?

2. Observe que algumas palavras foram empregadas entre aspas, como **puliça**, **bombelo** e **licópito**, entre outras.

a) Por que estão escritas dessa forma?

b) Que efeito de sentido o uso desse recurso traz para a narrativa?

3. Observe agora o tempo em que foi empregada a maior parte dos verbos do texto, inclusive nas falas do narrador. Qual é o tempo verbal?

____

4. Agora, observe os tempos verbais empregados no início desta lenda indígena brasileira:

Ilustrações: Daniel Zeppo/Arquivo da editora

O beija-flor

Quando apareceu na Terra a primeira laranja, os passarinhos ficaram encantados com aquela fruta douradinha, redondinha e bonitinha. Fizeram medonha algazarra. Perguntavam-se uns aos outros o nome da fruta e, aos mais velhos, se ela era ou não de comer.

(Henriqueta Lisboa. *Literatura oral para a infância e a juventude*. São Paulo: Peirópolis, 2002. p. 20.)

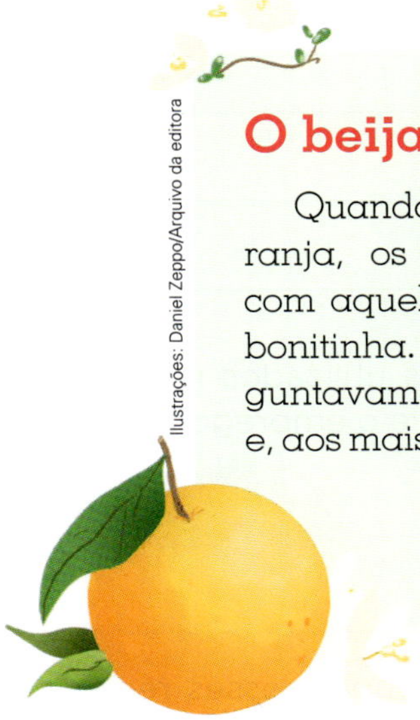

a) O tempo verbal empregado nesse parágrafo do texto é o mais frequentemente empregado na literatura. Em que tempos estão as formas verbais?

____

____

____

b) Compare os tempos verbais empregados na lenda com os empregados na anedota. Eles são os mesmos? Justifique sua resposta.

____

____

____

5. Releia estas frases do narrador:

- "Desesperado, o chefe **olha** para o relógio, e, já não acreditando que um funcionário chegaria a tempo de fornecer uma informação importantíssima, **liga** para o cara:"
- "Meio sem graça, o chefe **tenta** falar com algum outro adulto:"
- "Um pouco surpreso, o chefe **continua**:"
- "E a voz **sussurra**, com um risinho safado:"

Passe para o passado as formas verbais destacadas e compare o resultado com as frases originais do texto. Que alteração de sentido a mudança no tempo verbal proporcionaria ao texto?

6. Você observou até aqui alguns procedimentos narrativos utilizados no texto: o emprego do discurso direto, a reprodução fiel da fala das personagens e o emprego dos verbos num tempo diferente do tempo habitual.

a) Qual é a finalidade principal das anedotas em geral?

b) Considerando essa finalidade do gênero, explique o papel desses recursos narrativos na anedota lida.

Em gêneros narrativos ficcionais, o tempo verbal mais comum é o passado, nas formas do pretérito perfeito, do pretérito mais-que-perfeito e do pretérito imperfeito do indicativo. No entanto, como você viu, os verbos da anedota lida foram empregados predominantemente no presente, em vez de no passado. Essa técnica, chamada **presente histórico**, pode ser empregada em gêneros da literatura (a crônica, o conto, a lenda, etc.) e até mesmo em outros gêneros, como anedota, história em quadrinhos, relato, roteiro de cinema, reportagem, etc.

O emprego do presente histórico tem por finalidade dar maior dinamismo e veracidade à narrativa, envolvendo o leitor, fazendo-o sentir-se mais próximo dos acontecimentos narrados, como se estivesse vivendo a situação.

Há textos em que o narrador introduz a narrativa empregando os verbos primeiramente no pretérito perfeito ou no pretérito imperfeito do indicativo e, logo a seguir, passa, de forma consciente e estratégica, a utilizar o presente, a fim de relatar com maior ênfase o momento culminante da história. É como se o narrador contasse tudo o que havia acontecido antes daquele momento e, a partir dali, começasse a contar os fatos como se eles estivessem acontecendo naquele momento.

E há textos, como a anedota que você leu, que desde o início apresentam verbos no presente, fazendo com que o leitor viva os fatos de perto do início ao fim da narrativa.

Exercícios

1. Leia a anedota a seguir e depois reescreva-a, fazendo uso do presente histórico. Inicie mantendo os verbos no passado, escolha um trecho para empregar o presente histórico e, no final, volte a usar o passado. Quando terminar, leia o texto original e o seu e compare os efeitos que se obtêm nas duas situações.

Um detetive particular tinha acabado de se mudar para seu novo escritório, quando alguém bateu à sua porta. Querendo passar uma boa impressão para seu possível primeiro cliente, ele pegou o telefone e gritou:

— Entre!

Quando o visitante entrou, o detetive falava ao telefone, fingindo que estava no meio de uma ligação importantíssima.

Depois de fazer o pobre homem esperar por um bom tempo, o detetive colocou o fone no gancho e disse:

— Como você pode ver, eu ando muito ocupado. Mas em que posso ajudá-lo?

— Em nada — respondeu o homem parado diante da porta. — Eu só vim instalar seu telefone...

(Gabriel Barazal. *Piadas para rachar o bico — Proibido para adultos*. São Paulo: Fundamento, 2010. v. 1, p. 41.)

Ilustrações: Brenda Bossato/Arquivo da editora

2. Escreva uma anedota que você conheça ou reconte a crônica que criou neste capítulo, fazendo uso do presente histórico.

3. Este é o parágrafo inicial de uma crônica de Luis Fernando Verissimo. Reescreva-o, passando os verbos para o passado. Em seguida, compare as duas versões e observe as alterações de sentido decorrentes da mudança.

> Batem na porta. O homem que vai abrir tem quarenta e poucos anos. Dele se pode dizer que está bem de vida mas não necessariamente bem na vida. Abre a porta com alguma irritação. Quem bateu é um homem da sua idade, da sua altura, com feições parecidas com as suas — mas as semelhanças terminam aí. O homem que bateu parece não ter uma preocupação na vida. Está sorrindo.
>
> (O outro. In: *Novas comédias da vida privada*, op. cit., p. 113.)

CAPÍTULO

2 A CRÔNICA DE HUMOR

O gênero em foco

A crônica de humor é bastante apreciada no Brasil e a ela já se dedicaram importantes escritores brasileiros, como Luis Fernando Verissimo, Stanislaw Ponte Preta, Carlos Eduardo Novaes, Moacyr Scliar e Antonio Prata. Leia, a seguir, uma crônica de humor de Luis Fernando Verissimo.

A mentira

João chegou em casa cansado e disse para sua mulher, Maria, que queria tomar um banho, jantar e ir direto para a cama. Maria lembrou a João que naquela noite eles tinham ficado de jantar na casa de Pedro e Luíza. João deu um tapa na testa, disse um palavrão e declarou que, de maneira nenhuma, não iria jantar na casa de ninguém. Maria disse que o jantar estava marcado há uma semana e seria uma falta de consideração com Pedro e Luíza, que afinal eram seus amigos, deixar de ir. João reafirmou que não ia. Encarregou Maria de telefonar para Luíza e dar uma desculpa qualquer. Que marcassem o jantar para a noite seguinte. Maria telefonou para Luíza e disse que João chegara em casa muito abatido, até com um pouco de febre, e que ela achava melhor não tirá-lo de casa àquela noite. Luíza disse que era uma pena, que tinha preparado um *Blanquette de Veau* que era uma beleza, mas que tudo bem. Importante é a saúde e é bom não facilitar. Marcaram o jantar para a noite seguinte, se João estivesse melhor. João tomou banho, jantou e foi se deitar. Maria ficou na sala vendo televisão. Ali pelas nove bateram na porta. Do quarto, João, que ainda não dormira, deu um gemido. Maria que já estava de camisola, entrou no quarto para pegar seu *robe de chambre*. João sugeriu que ela não abrisse a porta. Naquela hora só podia ser chato. Ele teria que sair da cama. Que deixasse bater. Maria concordou. Não abriu a porta.

Meia hora depois, tocou o telefone, acordando João. Maria atendeu. Era Luíza, querendo saber o que tinha acontecido.

— Por quê? — perguntou Maria.

— Nós estivemos aí há pouco, batemos, batemos e ninguém atendeu.

— Vocês estiveram aqui?

— Para saber como estava o João. O Pedro disse que andou sentindo a mesma coisa há alguns dias e queria dar umas dicas. O que houve?

— Nem te conto — contou Maria, pensando rapidamente. — O João deu uma piorada. Tentei chamar um médico e não consegui. Tivemos que ir a um hospital.

— O quê? Então é grave.

— A febre aumentou. Ele começou a sentir dores no corpo.

— Apareceram pintas vermelhas no rosto — sugeriu João, que agora estava ao lado do telefone, apreensivo.

— Estava com o rosto coberto de pintas vermelhas.

— Meu Deus. Ele já teve sarampo, catapora, essas coisas?

— Já. O médico disse que nunca tinha visto coisa igual.

— Como é que ele está agora?

— Melhor. O médico deu uns remédios. Ele está na cama.

— Vamos já para aí!

— Espere!

Mas Luíza já tinha desligado. João e Maria se entreolharam. E agora? Não podiam receber Pedro e Luíza. Como explicar a ausência das pintas vermelhas?

— Podemos dizer que o remédio que o médico deu foi milagroso. Que eu estou bom. Que podemos até sair para jantar — disse João, já com remorso.

— Eles iam desconfiar. Acho que já estão desconfiados. É por isso que vêm para cá. A Luíza não acreditou em nenhuma palavra que eu disse.

Decidiram apagar todas as luzes do apartamento e botar um bilhete na porta. João ditou o bilhete para Maria escrever.

— Bota aí: "João piorou subitamente. O médico achou melhor interná-lo. Telefonaremos do hospital."

— Eles são capazes de ir ao hospital à nossa procura.

— Não vão saber que hospital é.

— Telefonarão para todos. Eu sei. A Luíza nunca nos perdoará a *Blanquette de Veau* perdida.

— Então bota aí: "João piorou subitamente. Médico achou melhor interná-lo na sua clínica particular. O telefone lá é 236-6688."

— Mas esse é o telefone do seu escritório.

— Exato. Iremos para lá e esperaremos o telefonema deles.

— Mas até que a gente chegue ao seu escritório...

— Vamos embora!

Daniel Zeppo/Arquivo da editora

Daniel Zeppo/Arquivo da editora

Deixaram o bilhete preso na porta. Apertaram o botão do elevador. O elevador já estava subindo. Eram eles!

— Pelas escadas, depressa!

O carro de Pedro estava barrando a saída da garagem do edifício. Não podiam usar o carro. Demoraram para conseguir um táxi. Quando chegaram ao escritório de João, que perdeu mais tempo explicando ao porteiro a sua presença ali no meio da noite, o telefone já estava tocando. Maria apertou o nariz para disfarçar a voz e atendeu:

— Clínica Rochedo. "Rochedo?!", espantou-se João, que se atirara, ofegante, numa poltrona.

— Um momentinho, por favor — disse Maria.

Tapou o fone e disse para João que era Luíza. Que mulherzinha! O que a gente faz para preservar uma amizade. E não passar por mentiroso. Maria voltou ao telefone.

— O Sr. João está no quarto 17, mas não pode receber visitas. Sua senhora? Um momentinho, por favor?

Maria tapou o fone outra vez.

— Ela quer falar comigo.

Atendeu com a sua voz normal.

— Alô, Luíza? Pois é. Estamos aqui. Ninguém sabe o que é. Está com pintas vermelhas por todo o corpo e as unhas estão ficando azuis. O quê? Não, Luíza, vocês não precisam vir para cá.

— Diz que é contagioso — sussurrou João, que com a cabeça atirada para trás preparava-se para retomar seu sono na poltrona.

— É contagioso. Nem eu posso chegar perto dele. Aliás, eles vão evacuar toda a clínica e colocar barreiras em todas as ruas aqui perto. Estão desconfiados de que é um vírus africano que...

(Luis Fernando Verissimo. *As mentiras que os homens contam*. Rio de Janeiro: Objetiva, 2000. p. 65-68.)

Quem é Luis Fernando Verissimo?

Mateus Bruxel/Folhapress

O gaúcho Luis Fernando Verissimo é um dos mais importantes cronistas brasileiros da atualidade. Nascido em 1936, é filho do também escritor Érico Verissimo.

Iniciou sua carreira como jornalista no jornal *Zero Hora*, de Porto Alegre, onde exerceu várias funções.

Sua primeira obra, *A grande mulher nua*, foi publicada em 1975. Desde então, tem produzido muitos livros de crônicas e contos, romances, literatura infantil, poesia, livros de viagens, além de colaborar em programas de humor da TV. Entre outros títulos, escreveu: *O analista de Bagé*, *O gigolô das palavras*, *A velhinha de Taubaté*, *Comédias da vida privada*.

1. O texto lido é uma crônica de humor e, como tal, apresenta os elementos básicos do gênero crônica. Justifique suas respostas com elementos do texto:

a) A crônica lida apresenta um número amplo ou reduzido de personagens?

b) O tempo e o espaço em que ocorrem as ações são amplos ou restritos?

2. As crônicas geralmente nascem da observação do cronista sobre fatos comuns do cotidiano e comportamentos do ser humano na vida em sociedade. Na crônica lida, o **conflito** da narrativa é apresentado logo no início.

a) Qual é o conflito?

b) Qual é a saída mais fácil que João e Maria encontram para resolver esse problema?

3. Ao apresentar o conflito, o narrador também mostra os sentimentos e os pontos de vista das personagens.

a) Que argumentos Maria apresenta ao marido, tentando convencê-lo a ir ao encontro?

b) Levante hipóteses: Por que Maria cede à decisão de João?

4. Normalmente, a mentira é mal vista pela maioria das pessoas porque tem implicações morais e éticas negativas.

a) Por que João e Maria preferem mentir a contar a verdade aos amigos?

b) Esse tipo de comportamento é comum na vida social? Se sim, levante hipóteses: Por que as pessoas mentem? Cite exemplos de situações em que as mentiras normalmente acontecem.

c) A insistência dos amigos pode ser vista como um gesto de amizade?

5. Observe, a seguir, um conjunto de mentiras ditas por João e Maria para não irem ao jantar.

( ) Desconfia-se que é um vírus africano.

( ) João piora subitamente e é internado no hospital.

( ) João chega do trabalho abatido e com febre.

( ) Aparecem pintas vermelhas no rosto.

( ) É contagioso; vão evacuar a clínica e colocar barreiras nas ruas.

( ) Surgem pintas vermelhas por todo o corpo e as unhas ficam azuis.

( ) A febre aumenta; surgem dores no corpo.

a) Numere-as, pela ordem de sequência dos fatos, usando números de 1 a 7.

b) Levando em conta a sequência dessas desculpas, responda: O que ocorre, a cada nova desculpa que João e Maria dão aos amigos?

Daniel Zeppo/Arquivo da editora

c) Que efeito de sentido esse processo contínuo de mentiras confere à narrativa? Justifique sua resposta.

6. Releia este trecho da história:

> "Tapou o fone e disse para João que era Luíza. Que mulherzinha! O que a gente faz para preservar uma amizade. E não passar por mentiroso. Maria voltou ao telefone."

Observe que, nesse trecho, há a voz do narrador e, implicitamente, a voz de Maria.

a) Identifique a voz de Maria no fragmento.

b) O que expressa o diminutivo da palavra **mulherzinha** no contexto?

c) Maria diz "O que a gente faz para preservar uma amizade. E não passar por mentiroso". O comentário dela revela certa confusão de valores e perspectivas em relação ao seu papel na situação criada. Por quê?

____

____

7. Observe que os nomes das personagens da história — João, Maria, Pedro e Luíza — são comuns no Brasil. Considerando esse dado, levante hipóteses: Quem eles podem representar na sociedade?

____

____

8. As crônicas de humor, assim como as anedotas, normalmente se encaminham para um final inesperado, que provoca o humor. Na crônica lida, esse procedimento foi usado? Justifique sua resposta.

____

____

____

9. O texto lido é uma típica crônica de humor, mas além de cumprir o papel de divertir, a crônica lida também pode ser vista como um texto que leva à reflexão e à crítica? Justifique sua resposta.

____

____

____

____

Humor

O melhor ponto de partida para quem quer escrever crônicas de humor é imaginar situações geradoras de humor. O cronista Fernando Sabino, por exemplo, produziu uma das crônicas de humor mais conhecidas de nossa literatura, "O homem nu", a partir de uma situação simples e perfeitamente possível: pela manhã, um morador de um prédio diz à mulher que não atenda à campainha, pois vão receber a visita do cobrador da televisão e, não tendo dinheiro, é melhor fingirem que não há ninguém em casa. Porém, quando a mulher vai à cozinha fazer o café, o marido, nu, quer pegar o pão que o padeiro colocou próximo à porta de entrada do apartamento. Olha para os lados e, não vendo ninguém, sai para o corredor. Nesse momento, um vento forte fecha a porta, e ele fica preso do lado de fora. Aperta a campainha, mas a mulher, pensando que é o cobrador, não atende. Imagine quantas situações engraçadas nascem a partir daí.

Essa crônica rendeu outras criações. Em 1994, o cronista publicou *A nudez da verdade* (Ática), uma novela que recria e amplia as situações da crônica. Em 1997, Hugo Carvana, com roteiro baseado nos textos de Fernando Sabino, dirigiu o filme *O homem nu*.

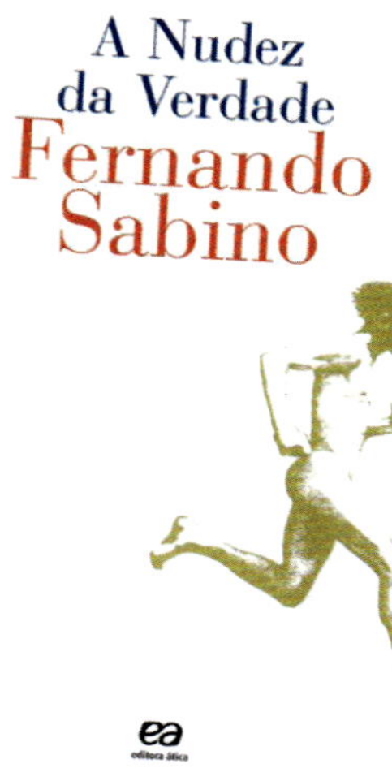

Reprodução/Editora Ática

Agora é a sua vez

Ao final desta unidade, você e seus colegas da classe vão participar da produção de um livro de crônicas e de um vídeo. Para dar continuidade à produção do livro, você vai agora produzir uma crônica de humor. Se possível, desenvolva duas das propostas.

Proposta 1

A crônica "A mentira", que você estudou, não apresenta um final conclusivo para a situação em que João e Maria se meteram. Dê continuidade ao texto de Luis Fernando Verissimo, criando novas situações. Se quiser, poderá fazer, no início do texto, uma rápida retomada dos principais fatos, a fim de situar o leitor que não conhece a crônica de Verissimo. Depois, imagine outras situações e mentiras que poderiam continuar a narrativa. Se possível, crie um final surpreendente para dar um fechamento à história.

Proposta 2

O texto a seguir é o início de uma crônica de Paulo Mendes Campos. Dê continuidade a ela, explorando o humor da situação.

Morando sozinha e indo à cidade em dia de festa, uma senhora [...] teve a sua bolsa roubada, com todas as suas joias dentro. No dia seguinte, desesperada de qualquer eficiência policial, recebeu um telefonema:

— É a senhora de quem roubaram a bolsa ontem?

— Sim.

— Aqui é o ladrão, minha senhora.

(Paulo Mendes Campos. "Os bons ladrões". In: *Antologia da crônica brasileira — De Machado de Assis a Lourenço de Diaféria*. São Paulo: Moderna, 2015. p. 139.)

Proposta 3

As crônicas de humor não precisam necessariamente narrar uma história ficcional absurda, como a crônica "A mentira". Elas podem ser criadas a partir das situações comuns da vida. Veja, por exemplo, como Antonio Prata cria humor explorando a relação entre os filhos adolescentes e os pais.

Pai de sunga bege

Uma das coisas difíceis de nos tornarmos adultos é perceber os defeitos dos nossos pais. Olhamos em volta e vemos que ninguém é perfeito, todo mundo vacila, inclusive nós, inclusive eles. Durante a infância queremos, exigimos até, que eles sejam completos. Brigamos diante de suas fraquezas, temos vergonha de suas roupas, suas maneiras de ser, porque de alguma forma temos a ilusão de que, com pais impecáveis, estaremos protegidos. Daí a gente cresce e se dá conta de que a vida é com a gente mesmo. Quando a coisa aperta, não tem para onde fugir, estamos sós, e por mais que abraços amigos e cafunés ajudem, quando a bola vier, é tarefa só nossa matá-la no peito e chutar pro gol.

Antes de vermos nossos pais como meros seres humanos, lindos e ridículos como todos os outros, passamos por uma fase em que queremos trancá-los dentro do congelador para que ninguém saiba que existem. Ou pelo menos, que não desconfiem que têm qualquer ligação conosco.

Quando eu tinha uns 13 anos meu pai foi me pegar numa festa. Chegou com uma namorada, ouvindo uma fita dos Beatles e cantando, com seu inglês ma-ra-vilho-so, todas as músicas. Claro que, bem naquela noite, havia três amigos meus pegando carona. Naquela hora eu não queria trancá-lo no congelador: eu é que adoraria caber no porta-luvas.

Contei essa história para a Laura, minha amiga, e ela disse: "Ah, você acha que cantar Beatles é ridículo? Uma vez eu estava saindo da escola. Abriu o portão, apareceram aqueles pais e mães todos bem-vestidos e, no meio, vejo um cara descalço, sem camisa, só de sunga bege e com a minha irmã de cavalinho, no ombro. Meu pai. Fugi pela saída dos fundos...".

Brenda Bossato/Arquivo da editora

Acho que temos vergonha dos pais por dois motivos. Primeiro, porque estamos saindo da infância, nos achamos os reis da cocada preta e queremos fingir que somos totalmente independentes: ninguém nos trouxe até a festa, ninguém comprou as nossas roupas, ninguém tem nada a ver com a nossa vida. Hum, hum, sei... Segundo, porque temos a terrível ilusão da perfeição. Achamos que é possível usar a roupa certa, falar a coisa certa, na hora certa, para a pessoa certa e, no fim, vamos convencer os outros (e a nós mesmos) de que somos legais. Mas justo quando estamos no meio dessa luta, quase atingindo a perfeição, vem uma pessoa de pochete em nossa direção, com o celular preso ao cinto, aperta nossa bochecha e nos chama por um apelido ridículo?! Que sacanagem!

Uma das coisas boas de nos tornarmos adultos é aceitarmos os defeitos dos nossos pais. Olhamos em volta e vemos que ninguém é perfeito, todo mundo vacila, inclusive nós, inclusive eles, e tudo bem. Somos meros seres humanos, lindos e ridículos.

(Antonio Prata. *Adulterado*. São Paulo: Moderna, 2009. p. 88-90.)

A exemplo de Antonio Prata, crie você também uma crônica de humor a partir de situações do dia a dia que podem ser engraçadas. Por exemplo, fazer uma compra e esquecer a carteira, ficar preso numa porta de segurança do banco, enroscar o vestido na escada rolante de um prédio, um vexame que você tenha passado, um mal-entendido no qual você tenha sido a vítima, uma roupa que rasgou no meio da rua, um grito de "Pega ladrão!", etc., ou outra situação qualquer que queira inventar.

Planejamento do texto

- Leve em conta as orientações dadas para a produção da crônica no capítulo 1, página 18.
- Lembre-se de que muitas crônicas de humor seguem a estrutura das anedotas, revelando um dado surpreendente no final da história. Se quiser, utilize esse recurso.
- Ao longo do texto, busque leveza e descontração na linguagem, estabelecendo uma comunicação fácil e direta com os leitores.

Revisão e reescrita

- Observe as orientações de revisão e reescrita relativas à produção de crônicas apresentadas no capítulo anterior, na página 18.
- Leia sua crônica para um colega e verifique se seu texto consegue diverti-lo. Avalie apontamentos e sugestões que ele possa fazer.
- Passe seu texto a limpo e guarde-o para em breve fazer a montagem do livro de crônicas.

Para escrever com expressividade

Contando anedotas

Leia esta anedota.

Um homem e um garoto entram numa barbearia. O sujeito corta o cabelo e faz a barba, depois diz ao barbeiro:

— Vá cortando os cabelos do garoto que eu vou comer um lanche e já volto.

Passadas duas horas, o barbeiro, impaciente, pergunta ao menino ali sentadinho:

— Cadê seu pai que não volta?

— Não é meu pai, não, moço. Eu estava vendendo chicletes ali na esquina e ele falou que ia me levar para cortar os cabelos de graça!

(Donaldo Buchweitz (Org.). *Piadas para você morrer de rir*. Belo Horizonte: Leitura, 2001. p. 87.)

Daniel Zeppo/ Arquivo da editora

1. A anedota é uma história curta e de final geralmente surpreendente e engraçado. Com que objetivo contamos uma anedota?

2. A anedota apresenta quase sempre os elementos essenciais de uma narrativa: fatos, personagens, tempo e lugar. Identifique na anedota em estudo:

   a) o fato principal

   b) as personagens envolvidas

   c) o tempo

   d) o lugar

3. O narrador da anedota lida faz uma rápida contextualização do fato e coloca em evidência a fala das personagens.

   a) Que tipo de discurso predomina para reproduzir a fala das personagens: o discurso direto ou o indireto?

b) Que tempo verbal predomina na narração?

c) Que efeito de sentido decorre do emprego desse tempo verbal e desse tipo de discurso?

4. A anedota normalmente é constituída de duas partes: na primeira, são apresentados a situação inicial das personagens e o conflito da história. A segunda parte é aquela que contém a frase-surpresa, responsável por quebrar a expectativa inicial e trazer uma surpresa ou revelação.

a) Até onde vai a primeira parte da anedota lida?

b) Que elemento-surpresa é revelado sobre o homem e sobre o menino?

c) Que outra surpresa vai ter o barbeiro em relação ao trabalho que tinha feito para esses clientes?

5. Por ser originalmente um texto oral, a anedota, quando reproduzida em livros ou revistas, resulta em um texto que conserva marcas de oralidade. Identifique nessa anedota essas marcas.

De onde vêm as anedotas?

Um dos mistérios da vida é: de onde vêm as anedotas? O enigma da criação da anedota se compara ao enigma da criação da matéria. Em todas as teorias conhecidas sobre a evolução do universo sempre se chega a um ponto em que a única explicação possível é a da geração espontânea. Do nada surge alguma coisa. As anedotas também nasceriam assim, já prontas, aparentemente autogeradas. Você não conhece ninguém que tenha inventado uma anedota.

(Luis Fernando Verissimo. *Comédias para se ler na escola*. Rio de Janeiro: Objetiva, 2001. p. 107-108.)

Você leu uma anedota, mas, em geral, as anedotas são um gênero criado para ser contado oralmente em situações descontraídas entre amigos e familiares, em *shows* de comediantes e programas humorísticos. Sua principal finalidade é relaxar e divertir o grupo de pessoas ao qual é contada.

stock_photo_world/Shutterstock

O comediante Horatio Sanz em uma comédia *stand up* no Texas, Estados Unidos.

Contar anedotas é uma arte e depende de um conjunto de habilidades de expressão oral. Leia, a seguir, algumas orientações de como contar bem uma anedota.

- Nunca diga que vai contar uma anedota e que ela é engraçada. Comece a contá-la, simplesmente, deixando o público na dúvida se o que está falando é uma anedota ou um caso verdadeiro.
- Memorize a anedota. O contador deve mostrar domínio da história e segurança no modo de contar.
- Fale com naturalidade, sem gaguejar, sem trocar palavras, sem se esquecer de detalhes importantes. Não queira corrigir a anedota enquanto a conta.
- Não gesticule demais; os gestos devem ser naturais, como os de uma conversa qualquer.
- A anedota tem uma parte inicial, que apresenta a situação das personagens e o conflito da história, levando os interlocutores a criar uma expectativa sobre a história contada. A segunda parte é aquela que contém a frase-surpresa, que vai quebrar a expectativa dos interlocutores, trazendo uma revelação e criando o efeito de humor e, consequentemente, o riso.
- Não tenha pressa ao contar a história; não se adiante para chegar logo à frase-surpresa. Espere que as pessoas absorvam com tranquilidade e prazer a história que está contando. Todos imaginam que vão rir no final e esperam por isso. Esperar o desfecho da anedota já é, por si só, um ato de prazer.

- Durante sua fala, valorize as palavras: enfatize algumas delas, faça algumas pausas para criar certo suspense, ou fale mais baixo ou mais rápido em alguns trechos para sugerir o modo como a personagem supostamente estaria falando.
- Se as personagens são de determinada região ou de determinado país, busque um tipo de variedade linguística ou de sotaque que ajude a caracterizá-las.
- No momento de dizer a frase-surpresa do desfecho, fale-a de modo enfático, forte, dando maior amplitude à surpresa esperada. Não ria enquanto a fala nem depois; espere que o público ria primeiro. Depois, é só esperar os aplausos!

Estratégias para a construção do humor nas piadas

Um grupo de pesquisadores do Departamento de Estudos da Linguagem da Unicamp-SP tem estudado as estratégias que levam uma piada a ser engraçada.

Como você sabe, o que provoca o riso nas piadas é o elemento-surpresa. E, segundo os pesquisadores, ele pode acontecer quando se faz uso:

- de um jogo sintático

  "Em um cemitério, duas pessoas caminham lendo lápides, quando se deparam com os seguintes dizeres: AQUI JAZ UM POLÍTICO E UM HOMEM HONESTO. Uma delas, então, comenta: 'Nossa, que povo pão-duro! Enterraram duas pessoas em um mesmo caixão'."

- da divisão de palavras

  — Qual é o carro que avisa quando vai chover?
  — ???
  — Celta preto.
  [...]

- de pressuposto

  — Preciso de um emprego. Tenho quinze filhos.
  — E o que mais o senhor sabe fazer?

- de certa variedade linguística

  — Joãozinho, dê um exemplo de verbo.
  — Bicicreta.
  — Não se diz "bicicreta". Diz-se "bicicleta". Além disso, bicicleta não é um verbo, meu querido. Tente outra vez.
  — Prástico.
  — Não é "prástico". É plástico. E plástico também não é verbo. Vá, tente lá outra vez.
  — Hospedar.
  — Muito bem! Agora construa uma frase com o verbo que escolheu.
  — Hospedar da minha bicicreta são de prástico.

- de palavras

  — Por que a mulher do Hulk divorciou-se dele?
  — ???
  — Porque ela queria um homem mais maduro.

(Conheça mais detalhes da pesquisa acessando: https://sistemas2.ft.unicamp.br/mec/ano/1/audio/AP001/G/AP001_G.pdf. Acesso em: 18/2/2019.)

Exercícios

1. Escolha uma das anedotas reproduzidas a seguir e leia-a silenciosamente duas ou três vezes, tentando memorizá-la. Depois feche o livro e conte-a para os colegas de grupo, com suas palavras.

a)

Juquinha era um menino muito pobre. No Natal, ele mandou uma carta para o Papai Noel. Assim que a carta chegou ao correio, os funcionários não se contiveram e abriram-na. Nela Juquinha dizia que não queria presente, mas sim R$ 200,00 para comprar remédios para sua mãezinha, que estava doente. Disse também que era muito pobre e que era muito trabalhador. O pessoal do correio, sensibilizado com tanta inocência, resolveu fazer uma vaquinha e arrecadaram R$ 100,00, que enviaram para Juquinha.

Passado algum tempo, chega outra carta do garoto para o Papai Noel. A carta dizia:

"Caro Papai Noel, muito obrigado pelo dinheiro que o senhor me enviou, mas gostaria de pedir-lhe um favor: da próxima vez que o senhor mandar o dinheiro para mim, entregue diretamente no meu endereço, pois aqueles filhos da mãe do correio passaram a mão em metade da minha grana!"

(Donaldo Buchweitz (Org.). *Piadas para você morrer de rir*, cit., p. 87.)

b)

A mulher foi ao médico:

— Doutor, o meu marido está completamente louco! Vira e mexe ele começa a conversar com o abajur!

— E o que ele diz?

— Eu não sei!

— Como não sabe? A senhora não disse que viu ele conversando com o abajur?

— Não, eu não disse isso... eu disse apenas que ele conversa com o abajur.

— Mas, então, como foi que a senhora descobriu?

— Foi o abajur que me contou!

(Idem, p. 110.)

Brenda Bossato/Arquivo da editora

c)

Um rapaz liga para a mãe:

— Oi, mãe, não estou gostando muito desse apartamento para onde me mudei.

— É mesmo, filho? Por quê?

— Os vizinhos são muito barulhentos. A vizinha do andar de cima não para de gritar. A vizinha do lado toda hora bate na parede. E a vizinha de baixo só chora, chora e chora.

— Meu Deus, filho, que horrível. Acho melhor você não ter contato com essa gente estranha.

— Também acho. E já estou sem contato desde que cheguei. Eu me tranco aqui dentro e fico o dia inteiro aprendendo a tocar bateria.

(Paulo Tadeu. *O melhor do proibido para maiores*. São Paulo: Matrix, 2014. p. 57.)

2. Das anedotas que você conhece, há alguma de que gosta muito? Conte-a para o professor e os colegas.

CAPÍTULO 3

O ROTEIRO DE VÍDEO E DE CINEMA

O gênero em foco

Roteiro ou argumento é o texto que serve como guia para a produção de vídeos ou espetáculos audiovisuais de cinema, programas televisivos, publicidade e jogos eletrônicos.

Há diferentes tipos de roteiros: os de ficção, que servem de base para filmes, novelas de TV e seriados, os de documentários, os publicitários, entre outros.

Apesar de cada tipo de roteiro apresentar suas particularidades, todos eles têm em comum alguns elementos básicos. Neste capítulo, você vai conhecer esses elementos a partir da análise de um roteiro de cinema.

O texto da página seguinte compõe-se de trechos do roteiro do filme *Durval Discos*, de Anna Muylaert, de 2002. Eis a sinopse do filme:

Durval (Ary França) e sua mãe Carmita (Etty Fraser) vivem há muitos anos na mesma casa onde funciona a loja Durval Discos, que já foi muito conhecida no passado, mas hoje vive uma fase de decadência devido à decisão de Durval em não vender CDs e se manter fiel aos discos de vinil. Para ajudar sua mãe no trabalho de casa Durval decide contratar uma empregada. O baixo salário acaba atraindo Célia (Letícia Sabatella), uma estranha candidata que chega junto com Kiki (Isabela Guasco), uma pequena garota. Após alguns dias de trabalho, Célia simplesmente desaparece, deixando Kiki e um bilhete avisando que voltaria para buscá-la dentro de 3 dias. Durval e Carmita ficam surpresos com tal atitude, mas acabam cuidando da garota. Até que, ao assistir ao telejornal, mãe e filho ficam cientes da realidade em torno de Célia e Kiki.

(Disponível em: http://www.adorocinema.com/filmes/filme-117681/. Acesso em: 19/2/2019.)

Reprodução/Europa Filmes

Sequência 9

Interna / Durval Discos / Dia

Durval está na loja, fumando. Ouve música. Entra cliente.

Jovem executivo, de terno e gravata.

CLIENTE 2 — Boa tarde, seu Durval!

DURVAL — Boa tarde. Faz tempo que você não aparece. Que que cê veio buscar?

Cliente olha os discos.

CLIENTE 2 — Não acredito, seu Durval! O senhor ainda não entrou na era do CD?

DURVAL (*convicto*) — Só trabalho com LP.

CLIENTE 2 (*meio didático*) — Nossa, seu Durval! Mas e agora? Como é que ficamos? O ano 2000 taí! O CD tá predominando.

DURVAL — Tem gente que é fiel no LP.

CLIENTE 2 — Mas vai acabar, seu Durval.

DURVAL — Vai acabar o quê?

CLIENTE 2 — O LP. Todo mundo agora só quer CD. As indústrias vão parar de produzir vinil.

DURVAL (*rindo*) — Imagina! Parar de produzir vinil? Que coisa mais absurda!

CLIENTE 2 — Tô te falando!

DURVAL — Tem muita gente que prefere LP!

CLIENTE 2 — Mas por quê?

DURVAL — Por quê? Sabe, o CD é muito pequeno, não tem lado A e nem lado B, a gente nunca sabe onde tá aquela música que a gente gosta e também não arranha.

CLIENTE 2 — Bom, senhor Durval... nem todo mundo acha isso... O som do CD é melhor!

DURVAL — Vai por mim... O som pode ser melhor, mas a música... não tem comparação!

CLIENTE 2 — Bom... aí não sei...

Carmita entra na loja, varrendo.

CARMITA — Bom dia...

DURVAL — Lembra da minha mãe?

CLIENTE 2 — Lembro, lembro...

CARMITA — Eu não lembro!

DURVAL — Esse é aquele que gosta do Chico!

CARMITA — Alves?

DURVAL — Não. Buarque.

CARMITA (*fingindo*) — Lembrei...

CLIENTE 2 — Isso aí! Bom, seu Durval, mas quem gosta de LP tem que estocar agulha! A agulha vai acabar!

Durval mostra ao cliente a gaveta cheia de agulhas.

CLIENTE 2 — É isso aí! Quando eu tiver precisando de um LP eu volto!

Cliente vai saindo.

[...]

Sequência 37

Interna / Sala de cima / Dia

Kiki, Durval e Carmita estão brincando de trem. Eles podem estar improvisadamente fantasiados.

Carmita senta-se.

CARMITA — Chega. Não aguento mais.
DURVAL — Agora anda de bicicleta.
KIKI — Não. Vamos fazer mais show!
DURVAL — Eu não aguento mais!
CARMITA — Vamos botar uma música na vitrola! Um long-play.
KIKI — Não quero música. Quero brincar!

Começam sons de cavalo.

KIKI — Cavalo!
DURVAL — Não é cavalo!
KIKI — É cavalo!

Sequência 38

Interna – externa / Durval Discos – fachada da loja / Dia

Kiki sai correndo para a porta da loja. Durval e Carmita vão atrás. Carmita abre a janela. Kiki olha. Sorri. Uma carroça de comprador de jornal aproxima-se.

CARROCEIRO — Tem jornal?
KIKI — Quero andar a cavalo.
DURVAL — Mas aqui não pode.
CARMITA — Aqui é outro tipo de fazenda.
CARROCEIRO — A menina quer andar na charrete?
KIKI — Quero!
CARROCEIRO — Pagando bem, que mal que tem?
CARMITA — Quanto?
CARROCEIRO — Paga dez pra duas voltas.
CARMITA — Vam'bora?

Kiki fica toda animada.

[...]

Sequência 39

Externa / Durval Discos / Dia

Durval, Carmita e Kiki descem a escada da loja. Entram na carroça.

Sequência 40

Externa / Ruas movimentadas de São Paulo / Dia

Eles estão andando de carroça na Marginal, no meio da pista de alta velocidade cheia de carros.

Câmera aproxima-se da cara de Kiki, que está radiosa.

[...]

Sequência 44

[...]

Kiki sai e vai ao banheiro. Entram comerciais. Os dois ficam assistindo.

CARMITA — Gracinha a menina, não?
DURVAL — Muito.
CARMITA — Mas é uma gracinha, não é?

DURVAL — Muito.
CARMITA — Uma coisinha dessa... enche a casa, não acha?
DURVAL — Ô.
CARMITA — Nossa! Enche a casa. Sabe, Durval, eu tive pensando, a gente podia falar com a moça pra ela trazer a menina pra morar com a gente.
DURVAL — Ela não gosta que chame ela de menina.
CARMITA — A Kiki. Não seria bom?

Durval vê uma notícia na TV. Não responde. Flash do jornal local.

APRESENTADOR — Presa em São Paulo a quadrilha que há seis dias sequestrou a menina Cristina Junqueira em sua fazenda na região de Tietê.

Aparece foto de Kiki. Durval abaixa o volume. Durval e Carmita assistem à notícia.

Sequência 44 A

Interna / Sala de cima monitor de TV / Noite
Estúdio de TV

APRESENTADOR — Houve troca de tiros e uma das sequestradoras, a babá da menina, Maria de Fátima da Silva, foi morta. Mais detalhes, com a nossa repórter Luciana.

Aparece grande foto da empregada, vulgo "Célia".

Sequência 44 B

Externa / Diante da delegacia (monitor de TV) / Noite

Repórter na frente da delegacia. Movimento atrás de quadro.

REPÓRTER — Oi, Heródoto, são 19h12 e eu estou aqui na frente da 15ª DP da região metropolitana. Quem tá aqui do meu lado é o delegado Ronaldo Bueno, responsável pelo caso do sequestro da menina Kiki Junqueira. Delegado, como aconteceu o sequestro?

Everett Collection/AGB Photo Library

DELEGADO — Bem... Luciana, ainda é muito cedo pra gente fazer avaliação precisa, mas, sem dúvida, essa moça Fátima, morta hoje à tarde, se empregou como babá na fazenda da mãe de Cristina Junqueira e resolveu sequestrar a menina em vez de cuidar dela! Simplesmente!

REPÓRTER — E vocês já estão a par de onde é o cativeiro da Kiki?

DELEGADO — Pois é... Infelizmente ainda não sabemos. Mas o que nos parece é que se trata de uma quadrilha absolutamente amadora, eu até diria que fizeram esse sequestro de improviso, portanto ainda não há resposta. Eu só posso dizer que nós, da polícia, estamos reunindo todo o nosso aparato técnico e humano pra resolver esse caso de maneira que...

Repórter corta.

REPÓRTER — É isso. Muito obrigado, delegado. Volta pra você, Heródoto.

[...]

Sequência 44 E

[...]

Carmita desliga a TV.

DURVAL — Não acredito. A moça morreu.

CARMITA — Sshhh! Não vamos falar nesse assunto agora.

DURVAL (*meio tenso*) — Mãe... o que a gente faz com a menina?

CARMITA (*falando baixo*) — Quieto! Você não vê que ela pode ficar com medo?

DURVAL (*falando baixo*) — A gente tem que...

CARMITA (*sussurrando*) — Quieto, Durval. Nunca ouviu falar em trauma? Depois que ela dormir, a gente conversa esse assunto.

Carmita levanta.

CARMITA — Vou ver o que ela tá fazendo no banheiro. Age naturalmente... Como se nada tivesse acontecendo.

Carmita sai. Durval acende um cigarro.

(São Paulo: Papagaio, 2003.)

LP: abreviação de *long-play*, disco fonográfico em que se gravam músicas por meio de sulcos muito finos.

vinil: material utilizado na produção de discos fonográficos.

Quem é Anna Muylaert?

Anna Muylaert nasceu em São Paulo, em 1964. É roteirista e diretora de cinema e televisão.

Estudou cinema na Escola de Comunicação e Artes da Universidade de São Paulo e, como roteirista, participou das equipes de criação dos programas *Mundo da Lua* (1991) e *Castelo Rá-Tim-Bum* (1995) exibidos pela TV Cultura.

Foi corroteirista da série *Filhos do carnaval*, da HBO, e participou do roteiro do filme *O ano em que meus pais saíram de férias*, ambos dirigidos por Cao Hamburger. Em 2007, colaborou nos roteiros da série *Alice* da HBO.

Dirigiu os filmes *Chamada a cobrar* (2012), *Que horas ela volta?* (2015) e *Mãe só há uma* (2016).

Juan Naharro Gimenez/WireImage/Getty Images

1. O filme retrata o momento em que os discos de vinil começam a ser substituídos pelo CD. Observe a conversa entre Durval e o cliente 2.

a) Como Durval, o dono da loja, se posiciona em relação à mudança tecnológica?

b) Que argumentos ele apresenta ao cliente 2 para justificar que os discos em vinil são melhores?

c) Os argumentos de Durval são consistentes para justificar sua preferência? Se não, então o que o prende aos discos de vinil?

d) Em sua opinião, nos dias atuais, também tem havido resistência por parte de algumas pessoas a aderir às plataformas de música por *streaming*? Comente com os colegas.

2. A presença da menina Kiki modifica o cotidiano de Durval, de sua mãe e da loja.

a) Como era Kiki?

b) Que sentimentos Durval e Carmita demonstram ter por Kiki? Justifique sua resposta.

3. O roteiro do filme *Durval Discos* é uma narrativa ficcional e, assim como outros gêneros dessa natureza, apresenta os elementos básicos dos gêneros narrativos (fatos, personagens, tempo e lugar). Entretanto, é diferente deles, porque tem uma estrutura própria.

O texto em estudo está organizado em sequências numeradas, seguidas de outras informações.

a) O que indicam as expressões **interna** e **externa** que aparecem logo após os títulos indicativos das sequências?

b) Que outras indicações o roteirista faz?

4. Um roteiro cinematográfico e um texto teatral se assemelham quanto à organização do diálogo entre as personagens e à presença de rubricas.

a) Observe no roteiro lido a indicação, em letras maiúsculas, do nome das personagens e, na sequência, a fala delas. Que tipo de discurso é usado para reproduzir essas falas?

b) Observe agora as rubricas, ou seja, os trechos que aparecem em itálico, como estes:

> *"Eles estão andando de carroça na Marginal, no meio da pista de alta velocidade cheia de carros.*
> *Câmera aproxima-se da cara de Kiki, que está radiosa."*

GULLANE FILMES/AFRICA FILMES/GLOBO FILMES / Album/Fotoarena

Cena do filme *Que horas ela volta?*, de Anna Muylaert.

Qual é a finalidade desses trechos?

5. Observe a linguagem empregada pelas personagens.

a) Que tipo de variedade linguística elas empregam? Comprove sua resposta com trechos do texto.

b) Considerando-se o contexto em que ocorre o diálogo entre as personagens, o emprego dessa variedade linguística é coerente? Justifique sua resposta.

6. Reúna-se com seus colegas de grupo e, juntos, concluam: Quais são as características do roteiro de vídeo? Respondam, levando em conta os critérios a seguir.

- finalidade do gênero:
- perfil dos interlocutores:
- suporte/veículo:
- tema:
- estrutura:
- linguagem:

Agora é a sua vez

Ao final desta unidade, você e seus colegas de classe vão participar de um evento no qual haverá um **Festival de cinema**. Para participar do festival, você vai produzir neste capítulo o seu roteiro de vídeo.

Há, a seguir, três propostas de produção de um roteiro de filme de curta-metragem. Em grupo, escolham e desenvolvam pelo menos uma delas.

Depois de elaborar o roteiro, o grupo deve produzir o filme, com o auxílio de uma filmadora, de uma câmera digital ou de um celular, e exibi-lo no Festival de cinema que será realizado na **Oficina de Criação**.

Curta: aprenda com quem já fez

Tenha outras ideias para criar seu próprio vídeo de curta-metragem, assistindo gratuitamente a dezenas de curtas nos *sites*:

- http://portacurtas.org.br/
- http://curtaocurta.com.br/

Reprodução/<http://portacurtas.org.br>

Joelma Ramos/Márcio Ramos/Divulgação

Cartaz do curta-metragem *Vida Maria*, de Márcio Ramos.

Proposta 1

Em grupo, escolham uma das crônicas produzidas por vocês nos capítulos 1 e 2 desta unidade e transformem-na num roteiro para vídeo de curta-metragem.

Proposta 2

Eis algumas sugestões de temas para o roteiro:

- a rotina do lugar onde vivem
- um dia na vida de um estudante

- o que um jovem dos dias de hoje espera do futuro
- imagens e textos relacionados a uma palavra ou a um conceito, como: felicidade, amor, respeito, amizade, dor, sonho

Proposta 3

Criem livremente um roteiro sobre o tema que escolherem.

Planejamento do texto

- Tenham em vista o público que vai assistir ao curta: colegas de sua e de outras classes, professores, funcionários, familiares e amigos convidados.
- Definam previamente as personagens ou pessoas que serão retratadas.
- Definam também o espaço (locações interna e externa) em que serão feitas as filmagens ou, se necessário, o cenário a ser criado.
- Escrevam as cenas, descrevendo o que acontece em cada uma delas.
- Se o roteiro for ficcional, procurem organizá-lo em três partes ou três atos. No primeiro, o protagonista é apresentado e aparece o conflito que vai desenrolar a história. No segundo, o protagonista age para resolver o conflito e alcançar seu objetivo. No terceiro, que costuma ser bastante breve, o conflito é resolvido.
- Em caso de um curta ficcional, criem os diálogos entre as personagens. Antes da fala da personagem, deve haver o nome dela (em caixa-alta ou em negrito) para identificar quem está falando.
- Criem as rubricas, fazendo indicações de encenação para os atores, de movimentos, de posição da câmera, de luz, som, efeitos, etc.
- Deem um título a cada cena, em maiúsculas. Informe se a cena é interna ou externa ao estúdio, escrevendo **INT.** ou **EXT.**. Depois, apresentem a localização e a hora do dia.
- A linguagem das rubricas deve estar de acordo com a norma-padrão e a dos diálogos deve ser coerente com o perfil das personagens.

Revisão e reescrita

Releiam o roteiro, verificando:

- se ele apresenta uma organização em cenas, devidamente nomeadas;
- se as indicações de local e horário das gravações estão claras;
- se as rubricas contêm orientações sobre sonorização e iluminação; sobre cenas internas e externas; como devem ser os movimentos de câmera e de personagens; se indicam detalhes sobre como os atores devem representar, etc.;
- se os diálogos sugerem naturalidade na conversa entre as personagens;
- se a linguagem está de acordo com a situação e com o perfil das personagens.

Aprendendo mais na Internet

Na Internet, existem vários *sites* que dão dicas interessantes sobre como fazer um roteiro de vídeo. Se quiser, confira:

- https://www.aicinema.com.br/como-fazer-um-roteiro/
- https://sambatech.com/blog/insights/roteiro-de-video/
- https://viverdeblog.com/como-fazer-um-roteiro/

Projeto ▸ Do livro à tela

Com a orientação do professor, participe da organização do evento **Do livro à tela**, no qual será feito o lançamento de um livro de crônicas produzido pela turma, com direito a autógrafos. No mesmo evento, também será promovido um Festival de cinema, com apresentação de filmes de curta-metragem. Definam antecipadamente com o professor e os colegas o dia e o horário desse evento.

1. Livro de crônicas

Para a montagem do livro de crônicas da classe, sigam estas instruções:

Thais Circelli/Arquivo da editora

- Decidam os critérios para a seleção das crônicas que deverão integrar o livro. Por exemplo, dependendo do número de alunos da classe, cada um poderá escolher uma ou duas das crônicas que produziu. É importante que o livro contenha ao menos uma crônica de cada aluno e que todas as crônicas sejam acompanhadas do nome completo do autor.
- Decidam como o livro será produzido: se manualmente, de forma artesanal, se no computador, com auxílio de um programa de edição de textos e outro de imagens; definam se farão as cópias uma a uma ou se mandarão imprimir em uma gráfica. Se optarem pela produção artesanal, decidam sobre o tipo de papel que vão utilizar, se os textos serão digitados ou manuscritos, como vai ser a capa, se haverá ilustrações, etc. Se o livro for produzido no computador, forme uma equipe para receber os arquivos e coordenar o trabalho de diagramação.

Thais Circelli/Arquivo da editora

- Preparem a ficha catalográfica da contracapa, imitando os livros de verdade. Vejam na página 2 deste livro como deve ser uma ficha catalográfica.
- Escolham um colega para escrever a apresentação do livro ou convidem um professor ou um pai ou responsável para escrevê-la.
- Decidam qual vai ser o título do livro. Como subtítulo, poderão escrever algo como **Crônicas do 8º ano X**. Na parte inferior da capa, incluam o mês e o ano em que o livro está sendo produzido.
- Ilustrem a capa e as crônicas, se for essa a opção da turma.
- Se a produção do livro for artesanal, unam a capa aos textos e grampeiem-nos, formando o livro, ou mandem o material para encadernação. Tirem cópias do livro, de modo que cada aluno tenha o seu exemplar para guardar como lembrança ou para presentear alguém. Doem um exemplar à biblioteca da escola.

2. Organizando o evento

- No dia do evento, reservem o primeiro horário para o lançamento dos livros, com um tempo de no mínimo uma hora.
- Numa sala ou no pátio, exponham os livros em mesas para que o público possa manuseá-los, enquanto vocês interagem com as pessoas, falando da experiência da escrita.
- Nesse evento, vocês serão as principais estrelas e poderão dar autógrafos nos livros, depois de escrever neles uma pequena frase ou dedicatória. Se optarem por uma sessão de autógrafos, vocês deverão se sentar às mesas e autografar os livros à medida que os convidados forem se aproximando.
- No segundo horário, deem início à apresentação dos vídeos. Providenciem uma sala ou auditório com computador, projetor e telão a fim de receber o público. Na porta da sala, deve haver um cartaz com a programação dos filmes e respectivos horários. Evitem atrasos para que o público não se confunda com os horários.
- Convidem pessoas (pais ou responsáveis, professores, funcionários e alunos de outras salas) para formar um júri, que escolherá os três melhores curtas da mostra.

Thais Circelli/Arquivo da editora

3. Festival de cinema

- Primeiramente, façam uma relação de todos os vídeos produzidos pela classe que serão exibidos no festival.
- Pensando na exibição, organizem os vídeos adotando algum critério, como: de humor, sobre a temática do cotidiano, mais filosóficos e reflexivos, mais curtos se alternando com mais longos, etc.
- Definida a sequência dos vídeos, estabeleçam o horário em que cada um será exibido. Dependendo do tempo de toda a programação, reservem um intervalo de 10 a 15 minutos entre uma exibição e outra. Não deixem de colocar o nome do vídeo e de seus respectivos autores.
- Providenciem meios para divulgar a programação dos vídeos: vocês poderão, por exemplo, fazer cartazes digitais e em papel para afixar na escola, publicar no *site* dela ou em redes sociais ou, ainda, enviar por *e-mail* e aplicativos.
- Ao dar início ao evento, um aluno escolhido poderá fazer uma pequena abertura, saudando o público e contando como foi a experiência da classe com a produção de vídeos. Depois, na passagem de um vídeo para outro, poderá informar o nome do filme e de seus criadores.
- Ao final da exibição dos vídeos, se houver possibilidade, reservem um tempo para que os convidados se manifestem, indicando os filmes de que mais gostaram e por que e dizendo o que acharam do evento como um todo.
- Se possível, o júri poderá apresentar os melhores vídeos ao final do evento e premiar os vencedores. Se quiserem ampliar a avaliação, também poderão fazer a eleição do melhor ator e da melhor atriz, do melhor roteiro, da melhor direção, etc.

Thais Circelli/Arquivo da editora

UNIDADE

2 O PAPEL DAS MÍDIAS NO MUNDO ATUAL

Numa noite abafada de 1963, abriram-me uma porta que dava acesso a uma câmara de horrores, no Hospital Psiquiátrico do Juqueri, nos arredores de São Paulo. [...] Fazia uma semana que eu percorria os pátios do Juqueri, recolhendo as imagens da miséria humana que se escondia atrás de seus altos muros [...]. Só quando me vi fora do pavilhão, engolindo avidamente o ar puro da noite, pude entender por que, antes de abrir a porta, o homem da clínica havia me perguntado:

— O senhor tem coragem para ver?

Coragem para ver é uma das exigências do ofício de repórter. A esta deve acrescentar-se outra, igualmente importante — a coragem de contar o que se vê. [...] Só seguindo em frente, sem se deter na busca da informação, dos fatos, da história da reportagem, o repórter pode deixar o medo para trás. Nesse caminhar, muitas vezes ele se surpreende: "Diabos, como é que eu fui me meter nesta!"

(Audálio Dantas. *Repórteres*. São Paulo: Senac, 1998. p. 20-21.)

Jornalista brasileiro premiado pela ONU, Audálio Dantas morreu em 2018, aos 88 anos.

Greg Salibian/Folhapress

Fique ligado! Pesquise!

Filmes

- *The Post — A guerra secreta*, de Steven Spielberg; *Spotlight: segredos revelados*, de Tom McCarthy; *O Diabo veste Prada*, de David Frankel; *Marley e eu*, de David Frankel; *Como perder um homem em 10 dias*, de Donald Petrie; *Quase famosos*, de Cameron Crowe; *Capote*, de Bennett Miller; *Mera coincidência*, de Barry Levinson; *O jornal*, de Ron Howard; *O informante*, de Michael Mann.

Divulgação/20th Century Fox

Livros

- *Tráfico de anjos*, de Luiz Puntel (Ática); *A primeira reportagem*, de Silvio Pereira (Ática); *Furo de reportagem*, de Roberto Jenkins de Lemos (Saraiva); *Dez dias de cortiço*, de Ivan Jaf (Ática); *Reportagem mortal*, de Jorge Fernando dos Santos (Saraiva); *A equipe do olho aberto*, de Margarida Patriota (Formato); *Braçoabraço*, de Raimundo Matos de Leão (Saraiva).

Reprodução/Editora Saraiva

Músicas

- "O papa é pop", de Humberto Gessinger; "Fotografia", de Leoni e Leo Jaime; "Máscara", de Pitty; "Notícia de jornal", de Chico Buarque; "O jornal", de Gilberto Gil.

Sites

- http://observatoriodaimprensa.com.br/
- http://www.revistas.com.br/
- https://brasil.elpais.com/seccion/opinion

Fique ligado! Escreva!

Você sabia que algumas reportagens nascem de histórias vividas por pessoas comuns? Pense em uma situação vivida por você, por familiares ou por amigos seus que, em sua opinião, poderia dar origem a uma reportagem. Pode ser um caso engraçado, triste, emocionante, curioso... Escreva resumidamente essa história em uma folha de papel, explicando por que você acha que ela daria uma bela reportagem. Em seguida, leia seu texto para os colegas e ouça a leitura deles.

De olho no gênero

Na sociedade em que vivemos, a informação e a opinião têm uma importância muito grande. Por isso, a todo instante, ao abrirmos um jornal ou uma revista, ao ligarmos o rádio ou a TV ou ao acessarmos a Internet, nos deparamos com reportagens, fotorreportagens e textos de opinião sobre os fatos do mundo, produzidos por pessoas com diferentes histórias, formações e pontos de vista. Um artigo de opinião, como o próprio nome já diz, contém o ponto de vista de quem o escreveu. Já uma reportagem, ou uma fotorreportagem, supostamente tem a função de dar a conhecer uma situação ou contar objetivamente uma história, sem que a opinião de seus autores seja explicitamente emitida. Sabemos, entretanto, que, por mais que veículos de imprensa busquem ser impessoais ao fazer uma reportagem ou uma fotorreportagem, algumas escolhas linguísticas são feitas e estas, conscientemente ou não, impactam os sentidos do texto. Que tal então, nesta unidade, conhecer um pouco mais sobre esses gêneros?

No dia combinado com o professor, traga para a sala de aula revistas e jornais. Troque esse material com os colegas, leia ou observe as reportagens, as fotorreportagens e os artigos de opinião presentes em cada um deles. Converse sobre suas funções, seus autores, confrontando as impressões e experiências de vocês.

Depois leia os textos seguir.

2p2play/Shutterstock

Reprodução/<www.oeco.org.br>

FabrikaSimf/Shutterstock

Reportagem e artigo de opinião: função e história

A reportagem e o artigo de opinião são textos que circulam na esfera jornalística, isto é, no campo da comunicação e da informação. Assim, são gêneros que satisfazem a necessidade do ser humano de se informar sobre os fatos que estão acontecendo ou de opinar e conhecer diferentes opiniões sobre esses fatos. A origem desses gêneros textuais confunde-se com a própria história da imprensa moderna, que data do século XVIII. Em nosso país, esses gêneros estão relacionados com a fundação do primeiro jornal brasileiro, a *Gazeta do Rio de Janeiro*, ocorrida em 1808, por ocasião da vinda da família real para o Brasil. Atualmente, depois da invenção do rádio, da TV e da Internet, esses gêneros circulam em diferentes suportes.

Hoje podemos ler uma reportagem ou um artigo de opinião num jornal ou numa revista, ouvi-los na rádio ou, ainda, acessá-los por meio de um *tablet* conectado a variados *sites*, que publicam seus textos em tempo real.

A reportagem também faz história

[...] a reportagem não ocupa lugar central apenas na definição da profissão, ocupa também um lugar muito particular na relação entre a chamada memória individual e a memória coletiva. Por um lado, é a narrativa de um indivíduo em particular, o repórter, cuja narração se baseia, em grande medida, em sua própria história ou, muitas vezes, naquilo que é transmitido por seus "contatos". Ela é escrita, na maior parte das vezes, na forma de um "testemunho", uma vez que depende da "presença" do repórter, seja na pesquisa para a matéria, seja no próprio acontecimento. Por outro, refere-se a eventos cuja importância vai além do próprio indivíduo e que, desta forma, são considerados "coletivos", "sociais". A reportagem faz da história pessoal uma história coletiva, ou vice-versa. Ela se inscreve, assim, nessa linha de fronteira entre o individual e o coletivo e, ao mesmo tempo, deve todo o seu significado a essa posição forçosamente ambígua. Fora dessa posição, talvez não pudéssemos falar de "reportagens". Além disso, não se pode perder de vista que, por mais pessoal que possa ser um dado registro jornalístico, ele é sempre reproduzido em grande escala, assumindo, posteriormente, o valor de "documento" não apenas pessoal, mas também histórico, coletivo.

RosaIreneBetancourt 7/Alamy/Fotoarena

[...]

(Alexandre Bergamo. Reportagem, memória e história no jornalismo brasileiro. Disponível em: http://www.scielo.br/scielo.php?script=sci_arttext&pid=S0104-93132011000200001. Acesso em: 26/2/2019.)

A fotorreportagem

Mais recente que a reportagem, a fotorreportagem é um texto jornalístico que tem origem na imprensa alemã, no final da década de 1920. Esse gênero inaugura uma nova relação entre texto verbal e texto não verbal e passa a circular por diversos países da Europa em revistas ilustradas.

Ao chegar aos Estados Unidos, a fotorreportagem se populariza na revista *Life*, na década de 1930, e desde então começam a surgir outras publicações semelhantes em todo o mundo. No Brasil, a revista *O Cruzeiro*, que havia sido fundada em 1928, atualizou seu projeto editorial na década de 1940 e passou a ser referência da fotorreportagem brasileira.

Arquivo O Cruzeiro/EM/D.A Press

Arquivo O Cruzeiro/EM/D.A Press

Oficina de Criação

Projeto ▸ A mídia em revista

Nesta unidade, você vai participar com os colegas da montagem e do lançamento de uma revista da classe, reunindo as reportagens, fotorreportagens e artigos de opinião produzidos por vocês.

CAPÍTULO 1

A REPORTAGEM

O gênero em foco

Leia a reportagem a seguir.

A diferença que pesa no bolso

Quando há produtos similares para homens e mulheres, a versão feminina custa, em média, 9% mais. Em itens infantis, a diferença nos preços por gênero chega a 25%, revela um estudo exclusivo

MARINA FILIPPE

A crença de que produtos e serviços para as mulheres são geralmente mais caros, quando comparados a versões similares para os homens, é comprovada na prática em várias partes do mundo. No Brasil, os artigos para as mulheres são, em média, 9% mais caros do que os destinados aos homens. No vestuário adulto, as mulheres pagam 14% mais. No vestuário infantil, a diferença no valor chega a 25%. Os dados são da pesquisa Taxa Rosa — Gênero e Precificação, elaborada por Fábio Mariano Borges, professor na Escola Superior de Propaganda e Marketing, de São Paulo, e aberta com exclusividade a EXAME. É uma situação paradoxal, pois paga mais justamente quem ganha menos — no Brasil, as mulheres recebem, em média, 85% do salário dos homens, segundo o Ministério do Trabalho. A diferença de preços, portanto, reforça ainda mais a desigualdade de gênero. Uma possível explicação para a disparidade nos preços é que, com frequência, elas são as responsáveis pelas compras de toda a família. "Historicamente, as mulheres fazem as compras para elas mesmas e para os demais membros da família. Nesse cenário, a indústria criou mais mecanismos de atração do gênero feminino e, mesmo que inconscientemente, desenvolveu preços diferentes para itens iguais", afirma Borges.

Germano Luders/Abril Conteúdo

Loja de roupas em São Paulo: as empresas usam artifícios para captar o olhar feminino — e cobram mais por isso.

Prática consciente ou não, as companhias evitam tocar no assunto. EXAME procurou uma dezena de empresas e associações para que comentassem a diferença de preços por gênero, mas nenhuma delas quis detalhar a política adotada. [...]

[...] Alguns casos chamam a atenção. As lâminas de depilar Gillette Prestobarba 3 na cor rosa são 20% mais caras do que a versão masculina em cinza. A P&G declarou em nota que "o valor dos produtos depende da tecnologia empregada nos itens".

Qualquer que seja o motivo por trás da diferença nos preços dos produtos, os consumidores também contribuem para essa situação. A pesquisa Taxa Rosa foi realizada com base no depoimento de 480 mulheres entrevistadas em São Pualo, no Rio de Janeiro e em Salvador. Entre elas, 78% consideram "normal" o fato de o preço ser mais alto para as mulheres, uma vez que elas são "mais consumistas" do que os homens. "É comum ver lojas com o setor feminino bem maior do que o masculino. Elas têm à disposição mais opções de compra e podem consumir mais", diz Borges. As empresas utilizam artifícios cada vez mais sofisticados para fisgar as mulheres. A embalagem e a exposição nas prateleiras, por exemplo, estão mais caprichadas para captar o olhar feminino. "A indústria cria apelos que chamam a atenção, mas nem sempre isso justifica cobrar preços mais altos", afirma Beto Almeida, diretor-geral da consultoria global de marcas Interbrand. Almeida diz que a percepção da diferença nos preços se torna mais difícil em produtos de baixo valor unitário. "Se um item custa 2 reais para o homem e 3 para a mulher, a diferença pode parecer uma bobagem, mas é de 50%."

Essa diferença, em geral, passa batida. De acordo com o estudo de Borges, 85% das consumidoras entrevistadas não percebem a diferenciação de preços por gênero. As mais atentas têm filhos dos dois gêneros, são casadas e pertencem à classe C. A servidora pública fluminense Jessyca Pacheco Pozzi percebe a discrepância de preços na hora de comprar roupas e brinquedos para os filhos Teodora e Joaquim, de 5 e 3 anos, respectivamente. "A diferença mais gritante é no preço dos brinquedos", diz Jessyca. Uma estratégia que ela costuma usar para contornar o problema é dar preferência a produtos unissex. "É uma boa solução para economizar e, ao mesmo tempo, colabora na construção da equidade de gênero entre meus filhos", afirma.

Elas Pagam Mais

Uma pesquisa exclusiva revela diferenças nos preços de produtos similares para mulheres e homens

Quanto os produtos para as mulheres custam a mais

Em média, os artigos destinados ao público feminino são 9% mais caros do que os para o público masculino, mas em alguns itens a diferença é maior (quanto a mais em valor)

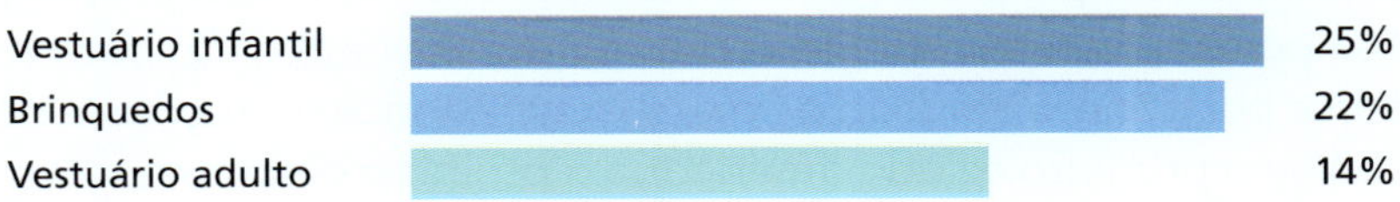

A percepção das consumidoras

De acordo com a opinião de 480 mulheres das classes A, B e C (em % de respostas)

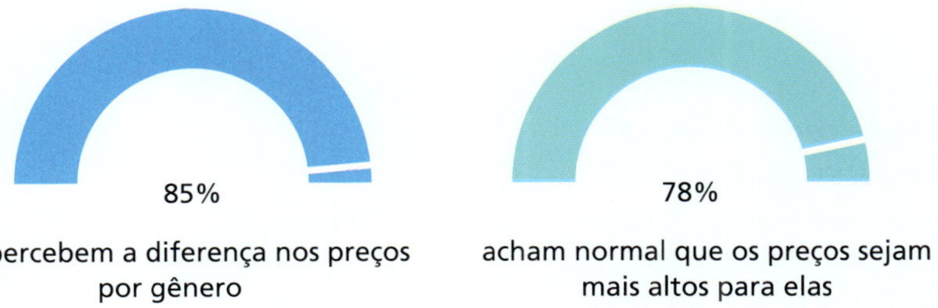

Fonte: Fábio Mariano Borges, da ESPM

AS MULHERES PAGAM MAIS POR VÁRIOS PRODUTOS E SERVIÇOS, MAS SEU SALÁRIO CORRESPONDE A 85% DO RECEBIDO PELOS HOMENS

Taxa rosa: os preços são mais altos em quase tudo que se destina a meninas.

Os produtos para crianças são os que apresentaram maior diferença de preços por gênero na pesquisa Taxa Rosa. No caso de brinquedos e roupas infantis, as versões femininas são 22% e 25% mais caras, respectivamente.

[...]

Apesar de tudo, a diferença tem caído. Num levantamento similar para o estudo Taxa Rosa em 2016, as mulheres pagavam, em média, 12% mais do que os homens — a diferença nos preços por gênero, portanto, caiu 3 pontos percentuais no estudo mais recente. A mudança pode ser atribuída à conscientização dos consumidores. O avanço do comércio eletrônico também é um aliado para reduzir a desigualdade de preços por gênero.

"Quando se compra online, é mais fácil comparar os preços dos produtos. Isso inibe a cobrança de sobretaxa com base no gênero do consumidor", diz Borges.

Se no Brasil a diferenciação de preços por gênero é um tema tabu, nos Estados Unidos o debate está mais avançado. Em 2016, ativistas colheram assinaturas online contra lojas que adotam a prática. As farmácias Boots e Thomposon Chemists foram algumas varejistas que reavaliaram seus preços por causa da campanha. De lá para cá, órgãos governamentais passaram a monitorar o assunto. Um exemplo é o estudo publicado em agosto pelo Government Accountability Office, órgão que exerce função semelhante à da Controladoria-Geral da União no Brasil. Depois de revisar estudos, entrevistar especialistas e analisar preços, chegou-se à conclusão de que, em cada dez categorias de produtos, cinco oferecem itens mais caros para as mulheres. Outras três têm preços equivalentes e apenas duas têm preços maiores para os homens. As razões pelas quais isso acontece ainda não são claras. Embora não haja uma lei que regule os preços por gênero em todo o país, alguns estados avançaram no tema. Em 1995, a Califórnia tornou-se o primeiro estado americano a proibir a discriminação de preço por gênero em serviços como corte de cabelo e lavanderia. Em 2016, o senador Ben Hueso apresentou um projeto de lei para que a mesma medida valesse para bens de consumo.

(*Exame*, 26/10/2018.)

disparidade: desigualdade, diferença.
equidade: respeito à igualdade.
paradoxal: que aproxima ideias opostas, incoerente, contraditório.
precificação: ação de colocar preço.
tabu: assunto proibido, pouco discutido.
varejista: loja que comercializa diretamente para o consumidor final.

1. A reportagem discute a diferença de preço entre produtos destinados aos públicos feminino e masculino. De acordo com o texto:

a) Em que consiste essa diferença?

b) Por que se trata de uma "situação paradoxal"?

c) Qual é o motivo mais provável para essa diferença?

d) O que as empresas responsáveis alegam sobre essa diferença?

2. Segundo o texto da reportagem, o comportamento do público consumidor contribui para que haja a diferença descrita. Explique essa afirmação, com base no texto.

3. O texto toma por base dados de uma pesquisa.

a) Qual é essa pesquisa e por quem ela foi realizada?

b) Levante hipóteses: Por que a pesquisa tem esse nome?

c) Que dados quantitativos dessa pesquisa são expostos no 1º parágrafo?

Studio_G/Shutterstock

d) Um dos métodos utilizados para gerar os dados dessa pesquisa é citado na reportagem. Qual é esse método?

4. A forma como o texto em estudo é estruturado comprova que o trabalho do jornalista envolve, além da escrita da reportagem, a leitura de outros textos, o contato com pesquisas e instituições relacionadas à discussão e entrevistas com pessoas envolvidas com o assunto abordado.

a) Que outras instituições são mencionadas na reportagem?

b) Quem são as pessoas entrevistadas para essa reportagem e qual é a relação de cada uma delas com o assunto abordado?

c) Que verbos são utilizados para introduzir as falas dessas pessoas?

d) Troque ideias com os colegas e o professor: Que importância tem, para a construção da reportagem, a menção a instituições variadas e a citação de falas de pessoas ligadas ao assunto?

5. Releia os seguintes pares de trechos da reportagem, que citam, cada um, o nome de uma pessoa e o ponto de vista dela sobre o assunto abordado.

- "Os dados são da pesquisa Taxa Rosa — Gênero e Precificação, elaborada por Fábio Mariano Borges." / "afirma Borges."
- "afirma Beto Almeida, diretor-geral da consultoria global de marcas Interbrand." / "Almeida diz que a percepção da diferença nos preços se torna mais difícil em produtos de baixo valor unitário."
- "A servidora pública fluminense Jessyca Pacheco Puzzi percebe a discrepância de preços na hora de comprar roupas e brinquedos para os filhos" / "diz Jessyca."

a) Como são retomados os nomes de cada pessoa citada?

b) Levante hipóteses: Por que há diferença na forma de retomar esses nomes?

6. A linguagem empregada em reportagens geralmente segue a norma-padrão e tende a ser impessoal. Dependendo do veículo de comunicação, os jornalistas têm menos ou mais liberdade para expressar seu ponto de vista sobre o assunto de que tratam.

a) A linguagem empregada pela jornalista no texto em estudo é mais pessoal ou mais impessoal? Justifique sua resposta.

____

____

____

____

____

b) Compare os pares de frases a seguir, considerando que as primeiras foram extraídas da reportagem.

- "as companhias **evitam tocar** no assunto." / as companhias não **tocam** no assunto.
- "nenhuma delas **quis detalhar** a política adotada." / nenhuma delas **detalhou** a política adotada.

Troque ideias com os colegas e o professor e responda: Qual é a diferença de sentido entre as frases que compõem cada par? De que forma as primeiras frases dão a conhecer o ponto de vista da jornalista que escreveu o texto?

____

____

____

____

____

____

____

7. Há no texto palavras e expressões que explicitam o ponto de vista da jornalista ou da revista sobre o tema, assim como termos e expressões informais, de uso cotidiano no português brasileiro. Leia os trechos a seguir.

( ) "EXAME procurou uma dezena de empresas"

( ) "No vestuário adulto, as mulheres pagam 14% mais."

( ) "As empresas utilizam artifícios cada vez mais sofisticados para fisgar as mulheres."

( ) "Essa diferença, em geral, passa batida"

( ) "a diferença tem caído."

( ) "apenas duas têm preços maiores para os homens."

a) Assinale aqueles nos quais é possível perceber o ponto de vista da jornalista. Justifique sua resposta, considerando o contexto no qual cada frase aparece no texto.

Thomas M. Barwick INC/Digital Vision/Getty Images

b) Identifique, nos trechos, termos e expressões informais e conclua: Qual é o efeito de sentido provocado por esse emprego?

8. É comum haver nas reportagens gráficos, infográficos, tabelas e mapas que auxiliam na composição das informações do texto. No caso da reportagem lida, há alguns gráficos.

a) Esses gráficos apresentam alguma informação nova, que não está no texto da reportagem?

b) Tendo em vista sua resposta ao item **a**, conclua: Qual é a função desses gráficos no contexto da reportagem?

9. Também é comum, em reportagens, serem apresentadas fotografias legendadas e aparecerem em destaque, com letras maiores, as ideias centrais e impactantes.

a) Que tópicos do assunto foram destacados textualmente na reportagem lida, em legendas e letras grandes?

b) Que tópicos do assunto foram destacados nas fotografias?

10. Observe as formas verbais empregadas na reportagem. Que tempo verbal predomina? Levante hipóteses: Por que há predomínio desse tempo verbal?

11. Reúna-se com seus colegas de grupo e, juntos, concluam: Quais são as características básicas da reportagem? Respondam levando em conta os critérios a seguir.

- finalidade do gênero:
- perfil dos interlocutores:
- suporte/veículo:
- tema:
- estrutura:
- linguagem:

Ao final desta unidade, você e os colegas vão produzir uma revista sobre os meios de comunicação no mundo atual. Neste capítulo, vocês vão elaborar as reportagens que comporão essa revista.

A seguir estão duas propostas relacionadas ao assunto central da revista. Combinem com o professor a melhor forma de realizá-las.

Proposta 1

Você vai ler mapas e gráficos que representam o resultado de uma pesquisa realizada pelo governo federal em 2016, cujo objetivo era conhecer os hábitos da população brasileira em relação ao consumo de mídia.

Em seguida, vai ler um trecho de um artigo do *site* Canaltech sobre a influência da televisão e das redes sociais na sociedade atual, escrito pelo especialista Gabriel Perazzo.

Com base nesses textos e em outros que você julgue relevantes, escreva uma reportagem que aborde **o papel das diferentes mídias (TV, rádio, jornais impressos, Internet) nos dias atuais**. Você também pode conversar com pessoas da escola para saber os hábitos de consumo de mídia delas e utilizar parte desses depoimentos em sua reportagem. Se possível, peça autorização e fotografe-as, para enriquecer o texto com imagens.

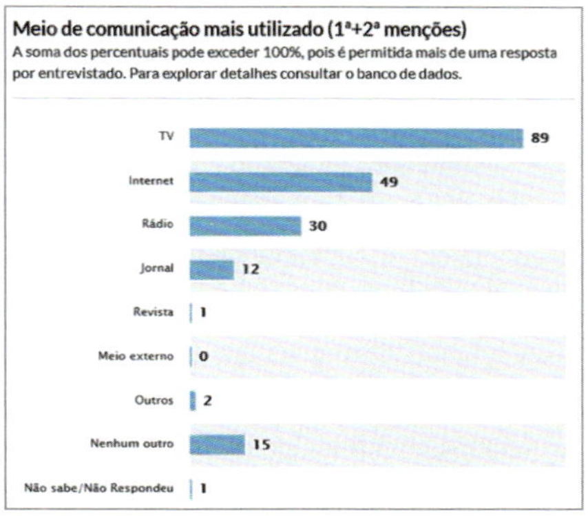

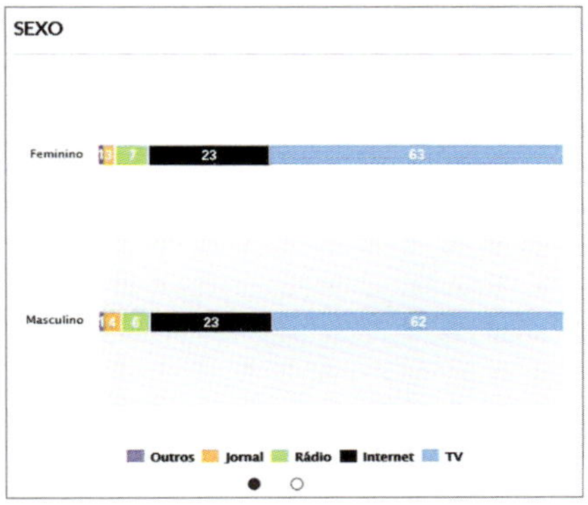

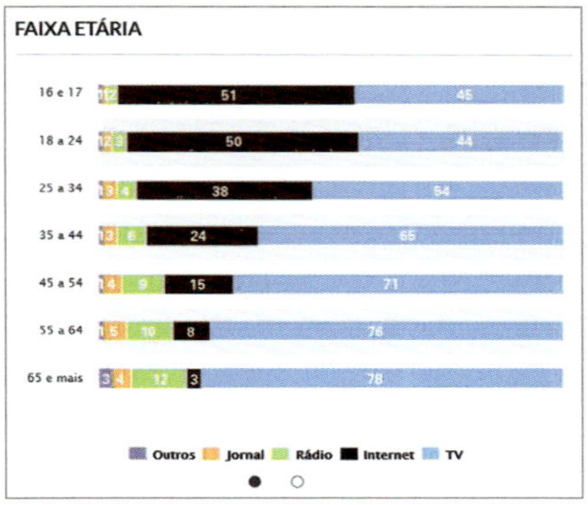

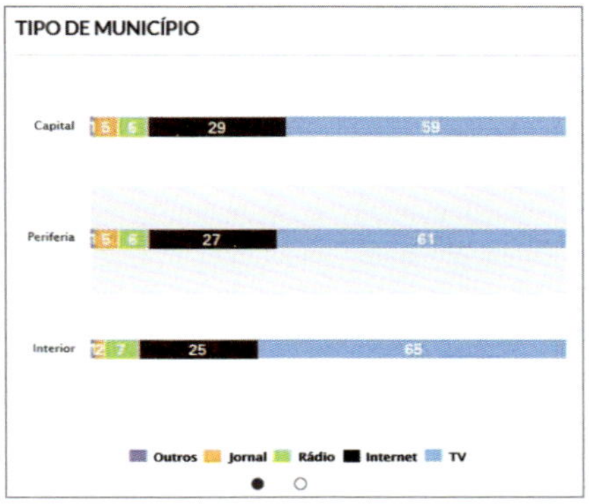

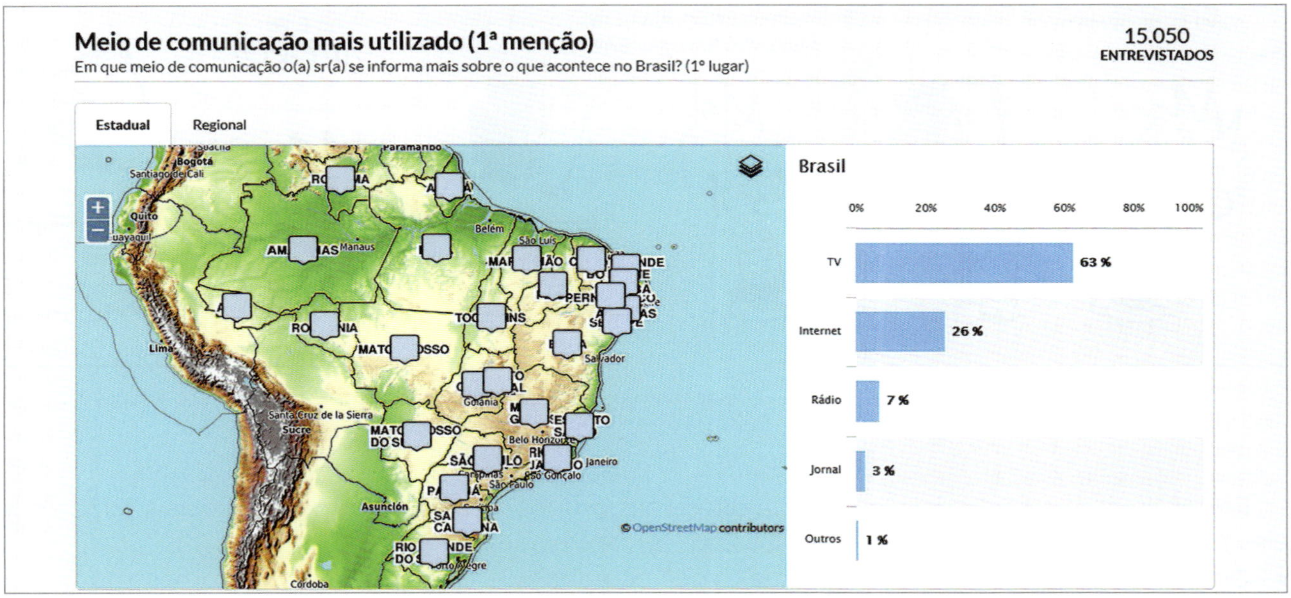

Gráficos: Secretaria de Comunicação Social/Presidência da República/www.pesquisademidia.gov.br

(Disponível em: http://pesquisademidia.gov.br/#/Geral/details-917. Acesso em: 10/2/2019.)

A televisão e a Internet: novas formas de comunicação

[...]

No passado tínhamos apenas a televisão. Era o único divertimento para muitas famílias e, até então, o fato de ocorrer apenas uma comunicação unidirecional parecia não incomodar muita gente. [...]

Com o passar do tempo e com o surgimento da Internet, novas formas de comunicação começaram a surgir. [...] Cria-se uma necessidade que até então não era necessária, mas como a lei da natureza exige a adaptação para preservação de cada um de nós e da nossa espécie, surfamos nas novidades e nos adaptamos com a situação, tomando a sua forma. [...]

Então, a passagem da era da TV para a da Internet rompeu o pensamento da época e, antes, a comunicação que era unidirecional passou a ser bidirecional. Não só um grupo de profissionais que passaram (e passam) estudando por muito tempo é capaz de gerar conteúdo, mas agora qualquer um de nós também é capaz de fazê-lo. [...]

Temos, a partir daí, o sucesso da rede e, consequentemente, a televisão parece entrar em declínio. Mas talvez a história não seja muito bem esta, pois, como dito acima, nós, seres humanos, por nossa própria natureza, temos condições de nos reinventarmos constantemente e com a televisão isso não seria diferente [...].

O fato é que hoje percebemos que a televisão também está dando mais voz para as pessoas, [...] nas participações em programas, no auditório, em reportagens, entrevistas, etc., inclusive a televisão também tem se apropriado da Internet para fazê-la mais próxima do público [...].

Por Gabriel Perazzo, pós-graduado em Engenharia de Telecomunicações e consultor de redes de computadores em uma empresa de tecnologia.

(Disponível em: https://canaltech.com.br/tv/A-televisao-e-a-Internet/. Acesso em: 10/2/2019.)

Proposta 2

Leiam esta tirinha de Calvin:

(Disponível em: http://amidiagge.blogspot.com/. Acesso em: 10/2/2019.)

Entrevistem jovens e adolescentes de diferentes grupos, estilos e segmentos sociais e façam a eles perguntas como as seguintes e outras que julgarem relevantes.

- Que tipo de jornalismo você consome? Você acredita que este seja o melhor jornalismo que a imprensa pode praticar?

- Quais são os seus canais de TV/mídias digitais (Portais da Internet, YouTube, Vimeo, etc.)/revistas/jornais favoritos? Como você avalia a qualidade deles?
- De quais programas de TV/da Internet/de seções de revistas e jornais você mais gosta? Como você avalia a qualidade deles?

Anotem as respostas e alguns dados das pessoas entrevistadas e, se possível, fotografem-nas, lembrando de pedir autorização para isso.

Quando tiverem um bom número de respostas, procurem organizá-las e mapeá-las. Por exemplo, alguns entrevistados podem se referir a canais da TV aberta, outros a canais de redes pagas de televisão, ou a novos aplicativos que contêm conteúdo sob demanda ou a canais de plataformas da Internet, etc.

Concluído o mapeamento, façam um estudo dos resultados e cruzem-nos com o perfil das pessoas entrevistadas.

Em seguida, escrevam uma reportagem, procurando responder à pergunta: Que conteúdo o jovem mais consome na mídia nos dias atuais?.

A reportagem será publicada na revista que o grupo produzirá no capítulo **Oficina de Criação** desta unidade.

Planejamento do texto

- Dividam entre os integrantes do grupo as tarefas que envolvem a produção de uma reportagem: entrevistar pessoas, reunir informações, coletar dados estatísticos, organizar ou fazer fotos, etc.
- Levem em conta o perfil dos leitores: alunos, funcionários e professores da escola, familiares, amigos.
- Planejem o aspecto visual da reportagem. Decidam sobre as seções ou partes que ela terá, como serão inseridos trechos das entrevistas, onde entrarão as fotos, etc.
- Fiquem atentos ao gerenciamento das vozes citadas no texto. Para tanto, usem aspas, verbos *dicendi*, nomes e sobrenomes das pessoas cujas falas são mencionadas.
- Procurem produzir tabelas, gráficos ou infográficos com dados obtidos por vocês e determinem qual será a função deles: complementar com novas informações, dar outro tratamento a informações contidas no texto, etc.
- Ao redigir, procurem estabelecer conexão entre o tema principal e as informações secundárias por meio de citações, reprodução de trechos de entrevistas, tabelas, boxes informativos, fotos com legendas, etc.
- Escrevam em linguagem objetiva e clara e empreguem a norma-padrão da língua.
- Deem um título atraente à reportagem.

Revisão e reescrita

Antes de finalizarem a reportagem, releiam-na, observando:

- se ela apresenta informações, opiniões e diferentes pontos de vista sobre o assunto;
- se o tema central tem conexão com fatos e informações paralelas;
- se as citações, a reprodução de trechos de entrevistas, o uso de tabelas ou dados estatísticos ou gráficos formam um todo coerente, coeso e significativo;
- se a reportagem é visualmente atraente;
- se a linguagem está de acordo com a norma-padrão e com o perfil dos leitores da revista;
- se o título é atraente;
- se as vozes do jornalista e de pessoas entrevistadas estão devidamente delimitadas.

Façam as alterações necessárias e deixem o texto pronto para integrar a revista que o grupo produzirá no final da unidade.

Para escrever com adequação

O discurso citado em gêneros jornalísticos

No estudo que você fez anteriormente neste capítulo, você viu que textos jornalísticos, tal como a reportagem, podem citar declarações de pessoas e instituições ligadas ao assunto abordado, a fim de dar a conhecer aos leitores diferentes pontos de vista sobre o tema.

Ao longo desta seção, você vai reler alguns trechos da reportagem estudada, observando as estratégias utilizadas pela jornalista para citar os variados discursos que compõem o texto.

1. Releia o trecho inicial da reportagem:

"A crença de que produtos e serviços para mulheres são geralmente mais caros, quando comparados a versões similares para homens, é comprovada na prática em várias partes do mundo. No Brasil, os artigos para as mulheres são, em média, 9% mais caros do que os destinados aos homens. No vestuário adulto, as mulheres pagam 14% mais. [...] Os dados são da pesquisa Taxa Rosa — Gênero e Precificação [...]. É uma situação paradoxal, pois paga mais justamente quem ganha menos — no Brasil, as mulheres recebem, em média, 85% do salário dos homens, segundo o Ministério do Trabalho. [...]"

mimagephotography/Shutterstock

a) Quais fontes são citadas explicitamente nesse trecho?

b) Quais informações são atribuídas a cada uma dessas fontes?

c) Há algum trecho em que é possível identificar a voz da autora do texto? Justifique sua resposta.

d) Troque ideias com os colegas e o professor e conclua: Que efeito de sentido a referência às fontes das informações constrói no texto da reportagem?

2. Para citar vozes de outras pessoas e instituições, a jornalista pode fazer uso de diferentes recursos, entre eles o uso do discurso direto e do discurso indireto. Releia os seguintes trechos:

I. "'É comum ver lojas com o setor feminino bem maior do que o masculino [...]', diz Borges."
II. "'A indústria cria apelos que chamam a atenção, mas nem sempre isso justifica cobrar preços mais altos', afirma Beto Almeida".
III. "Almeida diz que a percepção da diferença nos preços se torna mais difícil em produtos de baixo valor unitário."

a) Identifique quais foram construídos em discurso direto e quais foram construídos em discurso indireto.

b) As falas citadas são introduzidas pelos verbos **afirmar** e **dizer**. Que outros verbos poderiam ser utilizados em vez desses, sem alterar radicalmente o sentido do texto?

c) Entre as opções a seguir, quais poderiam substituir a forma verbal **diz** na frase I?

- grita
- nega
- assegura
- insiste
- concorda
- questiona

d) Releia oralmente a frase **I**, substituindo a forma verbal **diz** pelas formas marcadas por você no item **c**. Em seguida, conclua: Que alteração de sentido a frase teria, no contexto, com cada mudança?

e) Compare as frases em estudo à frase a seguir, também extraída da reportagem:

> "A P&G declarou em nota que 'o valor dos produtos depende da tecnologia empregada nos itens'."

Troque ideias com os colegas e o professor: Trata-se de uma construção em discurso direto ou indireto? Explique a função das aspas nesse contexto e levante hipóteses: Por que a jornalista teria optado por utilizar essa construção?

____

____

____

____

____

____

3. Entre os trechos a seguir, há um no qual a autora utiliza outro recurso para fazer referência direta à fonte da informação citada.

( ) "Se no Brasil a diferenciação de preços por gênero é um tema tabu, nos Estados Unidos o debate está mais avançado."

( ) "Prática consciente ou não, as companhias evitam tocar no assunto."

( ) "Qualquer que seja o motivo por trás da diferença nos preços dos produtos, os consumidores também contribuem para essa situação."

( ) "De acordo com o estudo de Borges, 85% das consumidoras entrevistadas não percebem a diferenciação de preços por gênero."

Gleb Kosarenko/Getty Images

a) Assinale o trecho descrito no enunciado.

b) De onde a referência foi extraída?

____

____

____

c) Identifique a expressão que introduz a referência à fonte da informação.

____

4. Agora leia o trecho a seguir.

> "[...] Um exemplo é o estudo publicado em agosto pelo Government Accountability Office [...]. Depois de revisar estudos, entrevistar especialistas e analisar preços, chegou-se à conclusão que, em cada dez categorias de produtos, cinco oferecem itens mais caros para as mulheres."

A fonte citada, nesse trecho, é um estudo de um órgão governamental dos Estados Unidos.

a) Segundo o texto, esse estudo foi produzido a partir de quais ações?

____

____

b) É possível saber quais profissionais trabalharam na realização desse estudo? Justifique sua resposta com base na construção do texto da reportagem.

____

____

c) Proponha uma reescrita para o trecho, explicitando que os responsáveis pelas ações da pesquisa foram os auditores do governo.

____

____

____

Você já sabe que um jornalista ou repórter, para escrever um texto jornalístico, precisa consultar fontes variadas, entrevistar pessoas, verificar as informações obtidas, contrapor dados, entre outras ações. Todo esse processo necessário à produção de textos como notícia, reportagem, artigo, ou outro que circule na grande mídia, pode aparecer de forma menos ou mais explícita no texto final a ser publicado.

Essa escolha pelo modo como os discursos serão citados também contribui para a construção de sentidos do texto e pode ser feita de forma bastante consciente por quem escreve, o que pode depender de vários fatores, como ponto de vista político ou ideológico do veículo de comunicação, envolvimento desse veículo ou do jornalista com o tema da matéria, respeito pelas instituições e pelos órgãos citados.

Algumas formas de citar um discurso utilizadas no meio jornalístico são, portanto:

Discurso direto: o texto é citado geralmente entre aspas, exatamente como foi dito ou escrito pela fonte mencionada. Para tanto, utilizam-se verbos *dicendi*, que introduzem ou finalizam o trecho citado. Ao optar por essa construção, o autor do texto se distancia do conteúdo veiculado.

Discurso indireto: o texto é citado indiretamente e pode ser editado pelo autor do texto, que reescreve o conteúdo com suas próprias palavras. Para tanto, podem ser utilizados verbos *dicendi* seguidos da palavra **que** ou expressões em referência à fonte citada, tais como **de acordo com**, **segundo**, **conforme**. Essa construção pode ser um indício de afinidade entre as ideias do autor do texto e o conteúdo veiculado.

Verbos *dicendi*

Verbos *dicendi* ou verbos "de dizer" são os verbos utilizados para introduzir falas ou citações em um texto. Introduzem as falas de personagens em narrativas literárias, de cientistas em textos acadêmicos, de personalidades, autoridades ou pessoas comuns em textos jornalísticos, tais como entrevistas, reportagens e notícias.

Alguns dos verbos *dicendi* mais utilizados nesses contextos são **dizer**, **afirmar**, **declarar**, **abordar**, **expor**, **negar**, **acreditar**.

Exercícios

1. Leia a seguir trechos de três textos que explicitamente citam outros discursos em sua composição.

I.

Como cartas escritas à mão deram início a um negócio bilionário

Dan Burn-Forti/The Image Bank/Getty Images

Para apresentar a sua start-up às maiores empresas do mundo, Alexander Rinke deixou a tecnologia um pouco de lado e escolheu um formato mais analógico: cartas manuscritas.

"Sabíamos que, se enviássemos um e-mail, ele poderia ser apagado", conta.

"E, se mandássemos cartas impressas ou escritas à máquina, os secretários as abririam e jogariam fora."

"Mas uma carta manuscrita parece mais pessoal. Poderia ser uma nota escrita por um parente ou amigo", contou ele à série da BBC *The Boss*, que traça o perfil de líderes empresariais de todo o mundo.

(Disponível em: www.bbc.com/portuguese/geral-47314432. Acesso em: 24/2/2019.)

II.

À maneira de Braga: o taxista de cabelo branco

[...]

Dos taxistas aqui da esquina, só sei o nome do Adão. Na primeira vez que peguei seu táxi, ele apontou para fora da janela, disse "olha só, as goiabeiras da Henrique Schaumann tão carregadas" e, quando reparei nas goiabas que brotavam no canteiro central da avenida, já éramos amigos de infância. Adão conhece todas as árvores frutíferas espalhadas pela cidade e, sempre que me leva a algum lugar, faz um relatório detalhado de seu esparso pomar: conta que as jacas do parque da Luz tão quase caindo em cima dos carros, que a mangueira da avenida Pacaembu tá atraindo um bando de maritacas, que houve um bafafá na zona leste porque a prefeitura ameaçou cortar um abacateiro, lá na rua Padre Adelino.

[...]

(Disponível em: https://blogdoims.com.br/a-maneira-de-braga-o-taxista-de-cabelo-branco-por-antonio-prata/. Acesso em: 24/2/2019.)

III.

Camila Coutinho revela que só teve um emprego antes de ser blogueira

"Só tive um emprego antes do blog. Era assistente de estilista em uma marca e fazia faculdade na época. De repente, recebi uma mensagem de outra marca querendo anunciar comigo. Conversei com meu pai, meu guru até hoje, que disse 'só vai'. Daí comecei as atividades", revelou a blogueira Camila Coutinho. Além disso, Camila contou na entrevista quais foram suas inspirações no mundo da moda e com quais celebridades ela estabeleceu contato para construir sua carreira.

(Disponível em: https://www.redetv.uol.com.br/jornalismo/marianagodoyentrevista/videos/ultimos-programas/camila-coutinho-revela-que-so-teve-um-emprego-antes-de-ser-blogueira. Acesso em: 24/2/2019.)

a) Identifique qual dos itens corresponde a cada um dos trechos lidos, justificando suas escolhas:

( ) trecho de crônica

( ) texto introdutório de entrevista

( ) trecho de reportagem

b) Qual dos trechos lidos utiliza apenas o recurso do discurso direto?

____

c) Identifique as falas citadas em discurso indireto nos demais trechos e transforme-as em discurso direto.

____

____

____

____

____

____

d) Um dos trechos apontados por você no item anterior procura reproduzir, na escrita, traços típicos da oralidade. Qual é ele? Justifique sua resposta.

____

____

____

e) Faça uma lista com os verbos *dicendi* utilizados nos trechos. Qual deles mais se repete?

____

2. Leia a seguir um trecho de uma reportagem de Drauzio Varella:

Como familiares devem lidar com o paciente de Alzheimer?

Mopic/Shutterstock

A doença de Alzheimer é um tipo de demência que prejudica a memória, o pensamento e o comportamento. [...]

[...]

A perda de memória é uma das principais características da doença. Com o passar do tempo, o idoso esquece acontecimentos importantes da sua vida e de pessoas próximas. Às vezes, não se recorda da morte de algum parente e pergunta sobre ele normalmente, como se ainda estivesse vivo. Nesses casos, a família pode não saber como agir: afinal, é melhor contar a verdade ou evitar o assunto?

____________________ a dra. Roberta Saba, neurologista e membro titular da Academia Brasileira de Neurologia (ABN), a decisão deve levar em conta o grau de comprometimento cognitivo e de memória. "Se for na fase inicial, quando há falhas de memória mas os pacientes ainda se mantêm independentes para as atividades diárias, a verdade pode ser dita e tenta-se, junto dele, recordar como o fato ocorreu, mesmo que seja o falecimento de um ente querido", ____________________.

[...]

A ideia é mais ou menos pesar o custo-benefício: vale a pena contar a verdade se ela causa tanto estresse ou tristeza? Claro que não é tarefa fácil, mas não há um manual que ensine exatamente como lidar com a questão. [...] ____________________ a neurologista, o melhor é não confrontá-lo, evitando maior sofrimento. "Quem tem Alzheimer muitas vezes cria algumas histórias cotidianas que não ocorreram, mas que para ele são reais. Nesses casos, é mais indicado concordar em vez de criar ansiedade negando as histórias. Esse tipo de atitude só gera mais conflito e insegurança", ____________________ a dra. Saba.

[...]

A professora de educação física Juliana Corrêa, de 30 anos, viveu esse dilema. Seu pai, Telmo Pinho, de 60 anos, foi diagnosticado em 2013, aos 55. "[...] Quando de fato se aposentou e diminuiu as atividades, notamos uma progressão muito grande. Ele repetia as coisas, às vezes se enrolava nas falas, errava as ruas ao dirigir", ____________________. Ele nunca soube que tem Alzheimer. Sua família entendeu que não seria benéfico e Juliana ____________________ essa foi a melhor decisão.

[...]

____________________ ela, é fundamental não isolar a pessoa do mundo. Por isso, a família nunca deixa de levar Telmo para as viagens, visitas a parentes e para passear, já que ele sempre gostou de sair. [...]

(Disponível em: https://drauziovarella.uol.com.br/reportagens/como-familiares-devem-lidar-com-o-paciente-de-alzheimer/. Acesso em: 25/2/2019.)

Complete as lacunas utilizando verbos *dicendi* e expressões de referência para a introdução de discurso indireto. Para tanto, observe o sentido do texto.

CAPÍTULO 2

A REPORTAGEM NAS MÍDIAS DIGITAIS E A FOTORREPORTAGEM

O gênero em foco

Leia a reportagem a seguir.

https://gauchazh.clicrbs.com.br/cultura-e-lazer/almanaque/noticia/2019/01/voce-...

PARA OS APAIXONADOS

Você sabe onde fica a "Escadaria do Amor" de Porto Alegre?

Durante décadas, local atraiu namorados pela extraordinária visão da baía do Guaíba

10/01/2019 - 19h27min

GAÚCHAZH

Inaugurada em 1929, a escadaria da Rua João Manoel foi ponto de encontro de enamorados durante décadas

Revista do Globo / Reprodução

Por Pedro Haase Filho, interino

O jornalista, escritor e roteirista porto-alegrense Rafael Guimaraens, autor de vários livros baseados em fatos históricos da cidade, tem especial predileção por um sítio: a escadaria da Rua João Manoel, que liga as ruas Duque de Caxias e Coronel Fernando Machado, nas cercanias do Alto da Bronze, no Centro Histórico de Porto Alegre.

Fascinado pelas formas que delineiam a construção, o local chega a lhe aguçar a criatividade de roteirista ao lembrar que, certa vez, "num rompante poético, comparei a escadaria a um filme romântico, que inicia com uma árdua caminhada, chega na virada dramática em que cada um vai pro seu lado e se reencontram no topo".

LEIA MAIS

Em tempos de migração global, conheça a saga de duas famílias para chegar ao RS no século 19

Em 1809, Rio Grande do Sul tinha apenas quatro municípios. Veja quais

Veja como eram as praias da Armação, da Joaquina e dos Ingleses em 1974

Conhecida como "A Escadaria do Amor", os três primeiros lances, de baixo para cima, são centrais e ladeados por muretas baixas, pilaretes e ajardinamento. A partir do terceiro lance, os degraus descentralizam-se e, divididos, evoluem pelas laterais, com peitoril em ferro trabalhado. Os degraus sobem contornando e se unem novamente para outro lance, centralizado na escadaria, chegando ao belvedere. A mureta, balaústre que delimita a escadaria, e o belvedere, transversalmente, são em alvenaria, com tratamento em vazados e balcão de apoio, diferenciando-se das muretas ao nível da Rua Coronel Fernando Machado, que são lisas.

A descrição anterior do logradouro consta do trabalho *A Arquitetura de Christiano de la Paix Gelbert em Porto Alegre (1925-1953)*, apresentado por Taísa Festugato ao Programa de Pós-Graduação em Planejamento Urbano e Regional da UFRGS. La Paix Gelbert era desenhista-chefe da prefeitura na época e foi autor de vários outros projetos marcantes da cidade, como o Viaduto da Avenida Borges de Medeiros, o Centro de Saúde Modelo e o HPS.

Escadaria revitalizada por artistas, em 2018
Isadora Neumann / Agência RBS

Atento às efemérides da cidade, Guimaraens lembra que a escadaria completa 90 anos de existência em 2019. Durante décadas, o local atraiu namorados pela extraordinária visão da baía do Guaíba e pelo recanto escavado entre as escadas paralelas do segundo nível, que permitiam alguma intimidade aos casais.

Urbanização acabou com a vista do Guaíba
Omar Freitas / Agência RBS

Hoje, a realidade é bem diferente. A rápida urbanização da cidade cercou a escadaria de prédios altos, que a espremeram e roubaram a vista do Guaíba. Tombada como Patrimônio Histórico, a "Escadaria do Amor" sofre com o vandalismo e com o descaso do poder público. Recentemente, passou a contar com a mobilização da comunidade do entorno, com ações de limpeza e atividades de convívio, procurando mostrar à população a importância de preservar os espaços públicos de caráter histórico.

alvenaria: construção feita de tijolos e cimento.
belvedere: pequena construção isolada num jardim ou parque, com visão panorâmica.
cercanias: imediações, arredores.
efemérides: datas comemorativas.
entorno: vizinhança, ambiente ao redor.
ladeado: cercado, contornado.
peitoril: parapeito, parte superior onde se pode debruçar.
sítio: lugar, local.

(Disponível em: https://gauchazh.clicrbs.com.br/cultura-e-lazer/almanaque/noticia/2019/01/voce-sabe-onde-fica-a-escadaria-do-amor-de-porto-alegre-cjqr3srh100ec01uk98qqalq5.html. Acesso em: 20/2/2019.)

1. O texto lido foi publicado no *site* de um jornal gaúcho.

a) Você costuma ler jornais em versão *on-line*?

____

____

b) Se puder escolher, você prefere ler a versão impressa ou a versão *on-line* de um jornal? Justifique sua resposta.

____

____

____

____

2. A reportagem lida se insere no caderno "Almanaque" do jornal *Zero Hora*.

a) Do que ela trata?

____

b) O texto faz uma divisão temporal em sua descrição, contrapondo um tempo passado ao tempo atual. Em que consiste a diferença entre esses dois tempos em relação ao local abordado na reportagem?

____

____

____

____

c) No final do texto, um terceiro tempo é anunciado para esse local. Qual é esse tempo e por que ele pode mudar a história desse local?

____

____

____

3. O título da reportagem em estudo contém aspas e ponto de interrogação.

a) Quais são as funções de cada um desses recursos e que efeitos de sentido eles constroem no contexto?

____

____

____

b) Onde fica o local citado no título?

c) Qual é a relação do título com o assunto central da reportagem?

4. Na reportagem são mencionadas três pessoas.

a) Quem são elas e em qual área atuam profissionalmente?

b) Qual é a relação dessas pessoas com o assunto principal da reportagem?

5. No capítulo anterior, você estudou a reportagem impressa e aprendeu quais são as características básicas desse gênero. Em geral, essas características se mantêm quando a reportagem é publicada em outros meios, mas também pode haver algumas mudanças, especialmente aquelas relacionadas aos recursos que o meio digital proporciona. A seguir estão descritas características relativas à estrutura da reportagem em estudo neste capítulo. Assinale aquelas que descrevem recursos e ferramentas que geralmente são utilizados em páginas de jornais virtuais, mas não em jornais impressos:

( ) Nome do autor do texto.

( ) Menu superior com opções de navegação pela página virtual.

( ) Fotografias antigas e atuais.

( ) Horário de publicação do texto.

( ) *Hiperlinks* no corpo do texto, por meio de palavras e expressões destacadas em cor diferente, negrito e sublinhado.

( ) Título com letras maiores em destaque, seguido de subtítulo com letras menores.

( ) Botões com acesso para ouvir ao vivo a programação da rádio vinculada ao *site* da reportagem.

( ) Legendas e créditos nas fotografias.

( ) Barra de rolagem para retroceder e avançar na leitura do texto.

( ) Jornal dividido em seções ou cadernos, com seus respectivos títulos.

( ) Ícones com *hiperlinks* para redes sociais.

Leia, agora, esta fotorreportagem:

Segurança conquistada através da arte

Rafaela Frison Follow
Dec 19, 2018 · 2 min read

Fotorreportagem por Maiara Dallagnol e Rafaela Frison.

As escadarias João Manoel e 24 de Maio, do Centro Histórico, e Ladrilhar, do Jardim Carvalho, estavam descuidadas e receberam intervenções artísticas organizadas por moradores dos bairros. Quando espaços públicos sofrem com o descaso, os locais acabam abandonados e tornam-se perigosos. As revitalizações fizeram com que as áreas voltassem a ser ocupadas e trouxeram de volta a sensação de segurança.

Fotorreportagem por Maiara Dallagnol e Rafaela Frison/Acervo particular

O projeto Se Essa Escada Fosse Minha reúne vizinhos e frequentadores do Centro Histórico, que trabalham semanalmente na revitalização da Escadaria João Manoel.

Fotorreportagem por Maiara Dallagnol e Rafaela Frison/Acervo particular

Conhecida antigamente como Belvedere do Amor, a Escadaria servia de ponto de encontro para namorados.

Fotorreportagem por Maiara Dallagnol e Rafaela Frison/Acervo particular

Principal mobilizador da revitalização, o Galpão do Plátano realiza feiras ecológicas e coloniais no topo da Escadaria, fortalecendo a movimentação pelos degraus.

Fotorreportagem por Maiara Dallagnol e Rafaela Frison/Acervo particular

A Escadaria fica localizada no Morro da Formiga, nomeado dessa forma devido aos trabalhadores que o subiam levando carregamentos do porto. Vistos de longe, eles formavam o que parecia uma trilha de formigas.

Fotorreportagem por Maiara Dallagnol e Rafaela Frison/Acervo particular

A Escadaria 24 de Maio, no Centro Histórico, ganhou mais cor com o projeto da artista Clarissa Motta Nunes. A revitalização fez com que mais pessoas transitassem pela escadaria, tornando-a mais segura.

Fotorreportagem por Maiara Dallagnol e Rafaela Frison/Acervo particular

Para decorar a Escadaria, foram usadas 3 300 peças, que apresentam desenhos, poesias de autores, além de depoimentos dos moradores da região.

Fotorreportagem por Maiara Dallagnol e Rafaela Frison/Acervo particular

As mensagens nos azulejos e as pinturas nas paredes das residências convidam quem passa pela Escadaria 24 de Maio a admirar os detalhes do caminho.

A ideia do Projeto Ladrilhar é da moradora Claudia Coelho. Antes uma rota de fuga de assaltantes, a escadaria foi transformada em orgulho para o bairro Jardim Carvalho.

Fotorreportagem por Maiara Dallagnol e Rafaela Frison/Acervo particular

Fotorreportagem por Maiara Dallagnol e Rafaela Frison/Acervo particular

Para ladrilhar a escadaria de 88 degraus foram feitas mais de 50 oficinas com o apoio dos vizinhos. O processo de construção dos mosaicos demorou cerca de um ano e meio.

Em janeiro deste ano, o Projeto Ladrilhar organizou o Coletivo Seres Voadores. Por meio de peças de mosaico telado, pássaros, borboletas e abelhas alegram também as paredes que ladeiam a Escadaria.

Fotorreportagem por Maiara Dallagnol e Rafaela Frison/Acervo particular

(Disponível em: https://medium.com/@rgfrison/seguran%C3%A7a-conquistada-atrav%C3%A9s-da-arte-650f337a90cb. Acesso em: 20/2/2019.)

6. Compare a fotorreportagem à reportagem lida no início deste capítulo.

a) Quais são as semelhanças e as diferenças entre elas em relação ao assunto abordado?

b) Quais são as semelhanças e as diferenças entre elas em relação à estrutura do texto?

7. A fotorreportagem contém informações sobre a Escadaria João Manoel que não foram abordadas na primeira reportagem lida.

a) Por qual meio a escada está sendo revitalizada?

b) Quem foi o principal responsável pela revitalização e qual é a sua relação com a escadaria?

c) O que há de comum entre essa escadaria e as outras duas mencionadas na fotorreportagem?

8. Analise as fotos e suas legendas.

a) Quantas fotos foram utilizadas? Em todas há legendas?

b) Assinale, entre as alternativas a seguir, aquelas que descrevem corretamente a função das legendas na fotorreportagem.

( ) As legendas descrevem detalhadamente o local, o horário em que a foto foi tirada e as pessoas retratadas (nome, idade, profissão, etc.).

( ) As legendas explicam o que acontecia no momento em que foi tirada a foto, o que cada pessoa retratada fazia, bem como qual a função de cada um no momento.

( ) As legendas são objetivas e contêm uma descrição sucinta para o leitor compreender o assunto abordado na fotorreportagem.

( ) As legendas contribuem para a construção da fotorreportagem, acrescentando informações essenciais para a composição da reportagem ao descrever a foto legendada.

( ) As legendas são dispensáveis para a compreensão da fotorreportagem, pois contêm informações supérfluas.

9. Agrupe as fotos, utilizando os seguintes critérios.

a) local retratado em cada uma delas

____

____

____

b) fotos com pessoas e fotos sem ninguém

____

____

____

____

____

____

c) planos retratados, segundo o boxe "Fotografias e seus planos".

____

____

____

____

____

____

____

____

Fotografias e seus planos

Dependendo do que queremos registrar ao fazer uma fotografia, devemos escolher diferentes planos. Conheça alguns deles:

- **Plano geral ou globalizante:** é utilizado um ângulo visual bem aberto, próprio para exteriores ou interiores de grandes proporções.
- **Plano médio e de conjunto de ações principais:** as figuras são enquadradas por inteiro, com um pouco de "ar" sobre a cabeça e um pouco de "chão" sob os pés. São fotos ideais para evidenciar o sujeito no espaço em que se encontra.
- **Plano de detalhamento de sujeitos, objetos e ações:** enfoca-se uma parte do corpo e da ação.
- **Primeiro plano:** é utilizado para evidenciar expressões, semblantes, gestos, fisionomias e emoções. Consiste no isolamento do sujeito, pouco importando o ambiente em que se encontra.

LightField Studios/Shutterstock

10. Sobre o agrupamento feito por você no item **b** da questão anterior, responda:

a) Nas fotos em que há pessoas, o que elas estão fazendo? Que importância têm, na reportagem, essas ações das pessoas?

b) Discuta com os colegas e o professor: Qual é o efeito, no contexto dessa fotorreportagem, produzido pela inserção de fotos apenas dos locais, sem nenhuma pessoa?

11. Reúna-se com seus colegas de grupo e, juntos, concluam: Quais são as características básicas da fotorreportagem? Respondam levando em conta os critérios a seguir.

- finalidade do gênero:
- perfil dos interlocutores:
- suporte/veículo:
- tema:
- estrutura:
- linguagem:

Agora é a sua vez

Você sabe que, ao final desta unidade, vai produzir, juntamente com seus colegas, uma revista sobre os meios de comunicação no mundo atual. Neste capítulo, você leu uma reportagem publicada em meio digital e uma fotorreportagem sobre escadarias da cidade de Porto Alegre que foram revitalizadas, modificando todo o ambiente a sua volta. Um dos papéis da mídia no mundo atual pode ser o de denunciar problemas sociais e divulgar ações cidadãs de contribuição para o bem comum.

Agora chegou a hora de vocês cumprirem esse papel social, adaptando as reportagens que produziram no capítulo anterior para o meio digital e produzindo suas próprias fotorreportagens para compor a revista.

Leiam as propostas que seguem e combinem com o seu professor a melhor forma de realizá-las.

Proposta 1

Façam adaptações na reportagem produzida por vocês no capítulo anterior, a fim de que elas possam ser publicadas em uma página *on-line*, utilizando os recursos proporcionados por esse meio. Para tanto, observem as orientações a seguir.

- Insiram *hiperlinks* internamente à reportagem escrita por vocês, destacando termos, expressões e fatos que podem ser mais bem explicados por meio de uma conexão com outras páginas virtuais.
- Façam, também por meio de *hiperlinks*, ligações entre as reportagens escritas por diferentes grupos, mas que podem ser relacionadas entre si por tratarem de assuntos semelhantes.
- Insiram ícones com *hiperlinks* para as redes sociais da escola.
- Deixem aberta a opção para que os leitores escrevam seus comentários sobre a reportagem na mesma página virtual em que ela está disponível.
- Se possível, peçam ajuda ao professor de informática ou robótica da escola para inserir imagens, gráficos e infográficos interativos ou animados.

Proposta 2

Selecionem tópicos relacionados à comunidade escolar para serem tema de fotorreportagens que denunciem alguns problemas enfrentados no ambiente da escola, entre eles:

- O lixo no pátio após o horário de intervalo
- A (des)organização das salas quando acaba a aula
- A conservação dos móveis e carteiras da escola
- A saída dos alunos da escola

South_agency/Getty Images

Proposta 3

Selecionem ações realizadas na escola que merecem ser divulgadas, a fim de que toda a comunidade tome conhecimento, entre elas:

- Uma ação social beneficente desenvolvida
- Eventos de arrecadação de suprimentos para comunidades que enfrentam alguma carência
- Projetos desenvolvidos por professores
- Cuidados com o meio ambiente
- Valorização da biblioteca
- Valorização dos funcionários

Planejamento do texto

- Delimitem o tema, escolhendo o(s) aspecto(s) que querem desenvolver.
- Pensem em que locais poderiam ser registradas imagens relacionadas ao tema.
- Planejem visitas aos locais para a realização das fotografias. A iluminação é muito importante para a qualidade das imagens; por essa razão, procurem tirar as fotos de dia ou em locais bem-iluminados.
- Verifiquem os recursos disponíveis para a realização das fotografias: câmeras fotográficas, câmeras de aparelhos celulares, equipamentos de iluminação, *flash*.
- Procurem pensar na relação das imagens com o tema e entre as imagens, para que cada uma conte algo sobre o fato.
- Procurem tirar mais de uma foto de cada cena planejada para selecionar a melhor. Pensem no melhor tipo de plano para cada situação.
- Caso não haja a possibilidade de produzir as próprias fotografias, pesquisem na Internet, em jornais, revistas e livros fotografias que possam, reunidas, compor uma fotorreportagem sobre o tema. Lembrem-se de colocar a fonte nas legendas.
- Tenham em mente o leitor da reportagem, o público definido por vocês para a revista (colegas, professores e funcionários da escola, pais e responsáveis, etc.).
- Montem a fotorreportagem, refletindo sobre a ordem em que as fotografias aparecem e adequando-as ao formato da revista idealizada por vocês.
- Escrevam as legendas de maneira clara, objetiva e breve, complementando a imagem para a compreensão do leitor. Se quiserem, utilizem subtítulos.
- Deem um título atraente à fotorreportagem.

Revisão e reescrita

Concluída a produção da fotorreportagem, releiam-na, observando:

- se ela apresenta imagens que mostram diferentes pontos de vista ou facetas sobre o assunto;
- se há conexões entre as imagens e entre cada imagem e o tema;
- se os planos escolhidos para cada imagem mostram elementos suficientes para a compreensão da ação ou cena retratada;
- se as legendas e os subtítulos estabelecem uma relação de complementação com as imagens e estão escritos de maneira clara e objetiva;
- se o título é atraente.

Após modificar o que for necessário, imprimam a fotorreportagem diagramada no formato da revista e guardem-na para posterior montagem. Guardem também a fotorreportagem em formato de arquivo, para que ela possa ser publicada em ambiente digital.

A modalização

Ao estudar a reportagem, neste capítulo e no anterior, você viu que, mesmo quando não explicitamos proposital e conscientemente nosso ponto de vista ao escrevermos um texto, em alguns casos os termos e as expressões que escolhemos permitem dar a conhecer nossa avaliação sobre os fatos que descrevemos.

Leia o texto a seguir.

O estresse realmente contribui para o ganho de peso?

Cintia Cercato 15/02/2019 04h00

Sem dúvida vivemos em uma sociedade estressante. Inúmeros fatores incluindo dificuldades econômicas, excesso de exigências no trabalho, problemas pessoais e familiares contribuem para que cada vez mais pessoas sofram cronicamente de altos níveis de estresse. Ao mesmo tempo, estamos frente a uma grande epidemia de obesidade. Será que esses fenômenos estão relacionados?

Ikon Images/Alamy/Fotoarena

Olhando através de uma lente evolucionária, nosso corpo desenvolveu uma série de respostas frente ao estresse. Diante de predadores ou outras ameaças, o organismo respondia com alterações metabólicas que tinham por finalidade reservar energia para alimentar os músculos e deixá-los preparados para correr ou lutar. Nos tempos modernos, a grande maioria dos estressores são psicológicos, mas o corpo responde como se tais estressores fossem físicos. Isso faz com que a energia liberada não seja utilizada para a chamada "fuga ou luta" e acabe sendo armazenada na forma de gordura. De fato, uma análise de vários estudos conseguiu demonstrar claramente uma relação positiva entre estresse e ganho de peso.

Uma revisão publicada recentemente na revista *Annual Review of Psychology* discute um modelo que conecta o estresse com a obesidade, através de mudanças induzidas por experiências emocionais negativas em quatro esferas, que podem estar relacionadas e sofrerem influências bidirecionais. Achei bastante interessante a abordagem [...]

[...]

Portanto, existem diversas explicações que ligam o estresse crônico com o ganho de peso. O grande desafio é como não se estressar tanto no mundo atual? Algumas atitudes são de grande importância. Uma delas é administrar bem o tempo, definindo prioridades. Não se esquecer de dedicar uma parte do tempo para realização de uma atividade prazerosa. Alguns estudos mostram também que a atividade física e meditação podem ser úteis no controle do estresse.

(Disponível em: https://cintiacercato.blogosfera.uol.com.br/2019/02/15/o-estresse-realmente-contribui-para-o-ganho-de-peso/. Acesso em: 16/2/2019.)

1. Para construir sua argumentação, a autora do texto em estudo se posiciona de formas diferentes em relação aos fatos que aborda.

a) Reconheça a posição da autora nos trechos a seguir, de acordo com os códigos oferecidos.

I. Concorda com o que diz, tomando como certo.

II. Coloca em dúvida o que diz, tomando como possibilidade.

III. Explicita sua opinião usando a 1ª pessoa do singular.

( ) "Sem dúvida vivemos em uma sociedade estressante."

( ) "De fato, uma análise de vários estudos conseguiu demonstrar claramente uma relação positiva entre estresse e ganho de peso."

( ) "Achei bastante interessante a abordagem [...]"

( ) "a atividade física e meditação podem ser úteis no controle do estresse."

b) Justifique suas escolhas no item **a** com base em termos e expressões utilizados nos trechos lidos.

____

____

c) Reescreva cada uma dessas frases substituindo termos e expressões a fim de criar um sentido no qual o autor discorda do conteúdo que aborda.

____

____

____

____

2. Releia as seguintes perguntas feitas pela autora em seu texto.

- "O estresse realmente contribui para o ganho de peso?"
- "Será que esses fenômenos estão relacionados?"

a) Que expressões por ela utilizadas em cada uma das perguntas reforçam a ideia de dúvida em questão?

____

b) Uma dessas frases poderia ser transformada em uma afirmação apenas trocando o ponto de interrogação pelo ponto final. Reescreva-a, fazendo essa alteração e indicando a mudança de sentido provocada, bem como o novo efeito construído pela expressão destacada por você no item **a**.

____

____

____

3. Releia estas frases do texto:

- "[...] estamos frente a uma grande epidemia de obesidade."
- "[...] existem diversas explicações que ligam o estresse crônico com o ganho de peso."

a) Há nelas algum termo ou expressão por meio do qual a autora do texto explicita sua concordância ou discordância sobre o conteúdo?

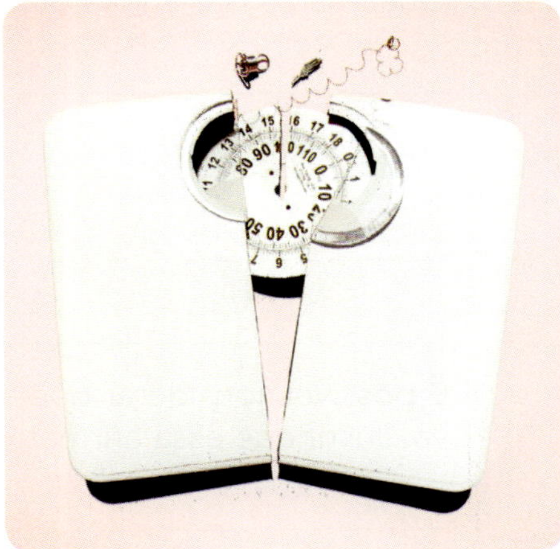

Tim Robberts/Getty Images

b) Identifique as formas verbais utilizadas em cada uma, bem como o tempo e o modo no qual elas estão conjugadas. Em seguida, conclua: Que efeito de sentido é criado por esse uso?

c) Em qual dessas formas verbais a autora do texto se inclui? Justifique sua resposta e comente: Que efeito de sentido esse uso constrói no texto?

4. Troque ideias com os colegas e o professor e proponha reescritas para as frases do exercício anterior:

a) deixando claro que a autora do texto concorda com as afirmações feitas.

b) colocando em dúvida as afirmações feitas.

c) deixando claro que a autora do texto discorda das afirmações feitas.

5. Ao final do texto, a autora faz três sugestões a seus leitores.

a) Qual frase por ela utilizada introduz essas sugestões?

b) Quais são essas sugestões?

c) É possível considerar que a autora constrói uma dessas sugestões de forma menos assertiva. Justifique essa afirmativa.

As expressões analisadas por você no estudo anterior mostram o grau de certeza da autora sobre o conteúdo abordado em seu texto — o quanto ela se compromete com a verdade do que é enunciado — e como ela se relaciona com seu interlocutor: como alguém que sabe algo a respeito, tem suas opiniões e pode julgar possibilidades; como alguém que sabe pouco sobre o assunto, que está em busca de informações corretas; ou, ainda, como alguém que precisa de orientações, conselhos, instruções. O recurso linguístico usado para demonstrar a relação do autor de um texto com o que diz e com seu(s) interlocutor(es) é chamado de **modalização**.

mimagephotography/Shutterstock

Modalização são as marcas que evidenciam o ponto de vista assumido pelo autor de um texto sobre o conteúdo de seu próprio texto e sobre a relação que estabelece com seu(s) interlocutor(es).

Por exemplo, o autor de um texto pode assumir sem reservas o conteúdo de seu enunciado, tratando-o, explícita ou implicitamente, como uma verdade incontestável, pode assumir com reservas, mostrando dúvida ou possibilidade, pode não assumir, distanciando-se da responsabilidade sobre o que é dito. Pode, ainda, indicar em suas construções linguísticas proximidade, distanciamento, hierarquia ou tensão com o interlocutor.

Exercícios

Leia os textos a seguir.

Como planetas são criados? Megacolisão em ponto distante do Universo dá pistas

Astrônomos dizem ter a primeira evidência de uma colisão direta entre dois planetas em um sistema estelar distante.

NASA/JPL-Caltech

Eles acreditam que o evento cósmico produziu um mundo rico em ferro, com quase dez vezes a massa da Terra. Uma colisão semelhante muito mais próxima de nós teria levado à formação da Lua há 4,5 bilhões de anos.

[...]

Acredita-se que um dos planetas, Kepler 107c, tenha um núcleo de ferro que compõe 70% de sua massa, com o restante consistindo possivelmente de um manto rochoso.

Outro planeta mais próximo da estrela deste sistema, Kepler 107b, é 50% maior do que a Terra, mas tem metade da densidade.

[...]

(Disponível em: https://www.bbc.com/portuguese/geral-47135096. Acesso em: 19/2/2019.)

Queijos 'gostam' de música?: cientistas testam se maturação ao som de Mozart e Led Zeppelin afeta qualidade

Os micro-organismos responsáveis pela maturação de um queijo gostam de música? Essa questão é a premissa de um experimento idealizado pelo veterinário suíço Beat Wampfler, de 53 anos.

[...]

Fabrice COFFRINI/Agência France-Presse

Em parceria com a Universidade das Artes de Berna, Wampfler está maturando oito queijos em câmaras submetidas constantemente a diferentes sons. E um nono exemplar, do mesmo queijo, repousa em silêncio.

[...]

O processo de maturação foi iniciado em setembro, na câmara subterrânea de pedra de Wampfler. No dia 14 de março, os queijos serão abertos. A Universidade de Berna vai providenciar análises químicas para atestar se houve alguma diferença entre eles. E uma bancada de especialistas irá degustar e avaliar as peças.

[...]

[...] Entusiastas já aguardam com expectativa. "Sei que o queijo é um organismo vivo, que respira. Assim, é muito provável que as ondas sonoras o afetem", comentou à BBC News Brasil a norte-americana Jeri Case, aficionada de queijos artesanais e criadora do site *A Better Whey*.

[...]

(Disponível em: https://www.bbc.com/portuguese/geral-47170329. Acesso em: 19/2/2019.)

1. Ambos os textos comentam pesquisas e experimentos feitos por cientistas.

a) Sobre o que trata cada uma dessas pesquisas?

____

____

b) Quais são os profissionais e as instituições mencionados?

____

____

____

2. No primeiro estudo desta seção, você viu que um enunciador pode se comprometer de diferentes formas com o conteúdo que enuncia. Identifique, nos títulos dos textos lidos, palavras e expressões indicativas de que os autores tratam o conteúdo abordado como uma possibilidade, não como uma verdade. Justifique sua resposta.

____

____

____

____

____

3. Releia estes trechos do primeiro texto:

I. "Astrônomos dizem ter a primeira evidência de uma colisão direta entre dois planetas em um sistema estelar distante."

II. "Uma colisão semelhante muito mais próxima de nós teria levado à formação da Lua há 4,5 bilhões de anos."

III. "Acredita-se que um dos planetas, Kepler 107c, tenha um núcleo de ferro"

IV. "o restante consistindo possivelmente de um manto rochoso."

V. "Outro planeta mais próximo da estrela deste sistema, Kepler 107b, é 50% maior do que a Terra, mas tem metade da densidade."

a) Relacione-os às seguintes descrições.

( ) O autor faz uma afirmação e a trata como verdade absoluta, utilizando a forma verbal no presente do indicativo.

( ) O autor atribui uma afirmação aos profissionais envolvidos na pesquisa, sem se comprometer com o conteúdo da afirmação.

( ) O autor faz uma afirmação, mas não a trata como verdade absoluta, utilizando uma locução verbal composta de futuro do pretérito + particípio.

( ) O autor faz uma construção na voz passiva sintética, sem se comprometer com o conteúdo da afirmação e sem explicitar o sujeito da ação verbal.

( ) O autor faz uma afirmação e a trata como uma possibilidade considerável, por meio do uso de um advérbio.

b) Troque ideias com os colegas e o professor e, oralmente, justifique suas escolhas no item **a**.

4. Observe o uso de aspas no título e no último parágrafo do segundo texto.

a) Levante hipóteses: Qual é a função das aspas utilizadas no título? O uso desse recurso revela qual postura do autor em relação ao seu próprio texto?

____

____

____

____

____

____

____

b) E qual é a função das aspas no último parágrafo?

____

____

____

____

c) O uso da expressão **muito provável**, no último parágrafo, não permite inferir o ponto de vista do autor do texto sobre o conteúdo enunciado. Explique essa afirmação.

____

____

____

____

____

____

CAPÍTULO

3

O ARTIGO DE OPINIÃO

O gênero em foco

No 6º ano, você já estudou o artigo de opinião. Neste capítulo, vamos retomar o estudo desse gênero e aprofundar seu conhecimento sobre ele, considerando as conexões internas que contribuem para a construção dos argumentos.

Leia este texto:

Direitos humanos para humanos sem direitos

1 Para salvar uma senhora de 83 anos rendida como refém, dois policiais aproveitam a distração do assaltante e o executam com cinco tiros em plena luz do dia. A tentativa de roubo a uma joalheria de Valença, no sul fluminense, termina em morte. Testemunhas filmam a cena como se fosse um jogo de futebol e comemoram seu desfecho como um gol em final de campeonato. A quatro dias do 70º aniversário da Declaração Universal dos Direitos Humanos, o Brasil escancarado em mais uma tragédia para a conta do Rio de Janeiro celebrava sem constrangimentos seu irremediável processo de desumanização.

Christian Peters/Getty Images

2 Os aplausos diante do corpo estendido na rua poderiam ser interpretados como um desabafo perante a exaustiva sensação de insegurança, que agora se estende às pequenas cidades, ou um gesto de reconhecimento pela ação da polícia que mais mata e mais morre ao libertar a refém, não fossem gritos tal qual os de torcida num estádio que bradavam "atira nele", "pega fogo", "mata logo". O que de fato se comemorava naquela manhã da última quarta-feira era a materialização do lema "bandido bom é bandido morto" ao alcance dos olhos. Um deleite coletivo pelo abate do assaltante. [...]

3 A naturalidade com que passamos a encarar a morte na rotina de uma sociedade violenta insinua que a barbárie tem vida própria, está dissociada da nossa conduta e só pode ser combatida com mais sangue derramado. Esses sentimentos primitivos, da sede por justiceiros e linchamentos ao regozijo com a bala na cabeça do ladrão, são diariamente insuflados por políticos e discursos midiáticos irresponsáveis.

4 Bordões como "CPF cancelado", utilizados por pregadores do caos na televisão em referência a suspeitos abatidos pela polícia, dão um toque de humor sádico à selvageria. A assimilação da violência como norma só foi possível graças à popularização de programas policialescos que, não bastasse o empenho em construir uma narrativa que resume o país à fama de recordista de homicídios, contribui para distorcer o significado dos direitos humanos, demonizando-os sob o malfadado estigma de "muleta para defensores de bandido".

5 Vende-se a falsa ideia de que presos gozam de regalias e criminosos são superprotegidos pela lei. [...] Ao contrário da lenda que virou verdade nos grupos histéricos do WhatsApp, ninguém comete um crime para viver de "bolsa cadeia". Menos de 8% dos detentos brasileiros têm direito ao auxílio-reclusão, um benefício do INSS destinado apenas aos dependentes do preso de baixa renda (salário inferior a 1.300 reais) com histórico de contribuição à Previdência Social.

6 O auxílio-reclusão, por sinal, ilustra bem para que serve um direito humano. Se todas as famílias de contribuintes devem ser contempladas com o benefício em caso de morte, doença, afastamento ou invalidez, as dos encarcerados também precisam se enquadrar na mesma regra, pois não é justo que elas paguem por eventuais crimes cometidos pelos provedores de seu sustento. Princípios básicos dos direitos humanos se estabelecem pelo caráter da universalidade: só fazem sentido se compreenderem todos os indivíduos. Justamente para evitar que sejam convertidos em privilégios de poucos. A partir do momento em que negamos um direito fundamental a qualquer pessoa, ele deixa de valer para todo o resto. [...]

7 Qual o sentido de dizer que os direitos humanos atrapalham o trabalho da polícia ao passo que um de seus propósitos é evitar que agentes de corporações militares arrisquem a vida em guerras sem sentido? Por que acreditar que a redução da maioridade penal pode diminuir a violência sem antes levar em consideração que, numa mesma cidade, convivem jovens que saem da sala de aula preparados para o vestibular e outros, da mesma idade, que se escondem de tiroteios debaixo das carteiras? [...] A perspectiva das campanhas difamatórias contra os direitos humanos despreza a realidade, dados e inúmeros estudos que refutam a tese de que a maioria da população desfruta de direitos demais.

8 Não por acaso, a Declaração Universal dos Direitos Humanos sublinha que "toda pessoa tem direito à educação". Seus mandamentos deveriam ser disciplina obrigatória nas escolas. O ser humano que não conhece os próprios direitos está fadado a se resignar à tirania de quem trata garantias básicas como privilégios, banaliza a matança e sentencia que as minorias se curvem à maioria. O termo "minorias", para que fique claro, não está relacionado ao tamanho de um grupo, mas sim a seu grau de vulnerabilidade: pobres, negros, mulheres, índios, LGBTs. Os direitos humanos têm de estar ao alcance de todos, mas, principalmente, dos humanos sem direitos.

deleite: sentimento de prazer, satisfação.
difamatório: que faz perder a credibilidade publicamente.
estigma: ideia considerada indigna, imprópria.
fadado: destinado, preparado para.
insuflado: despertado, estimulado.
malfadado: infeliz, inadequado.
regozijo: sentimento de prazer, satisfação.
sádico: que tem satisfação em ver a dor do outro.

Breiller Pires é jornalista formado em Comunicação pela Universidade Federal de Minas Gerais e tem experiência em reportagem, coberturas esportivas e edição de vídeo, blogs, jornais e revistas.

(Disponível em: https://brasil.elpais.com/brasil/2018/12/10/opinion/1544400114_405615.html. Acesso em: 26/2/2019.)

1. No texto lido, o autor expõe seu ponto de vista sobre um tópico a partir de um fato ocorrido na semana em que escreveu o texto.

magic pictures/Shutterstock

a) Qual é esse fato?

____

b) A qual outro fato ele o associa?

____

____

2. Nos artigos de opinião, a ideia principal do texto, também conhecida como **tese**, normalmente é apresentada nos primeiros parágrafos do texto. No artigo em estudo, entretanto, ela não aparece explicitada, mas pode ser depreendida.

Entre as opções a seguir, indique a que melhor representa a tese que o autor do texto desenvolve.

( ) A morte do assaltante que fez refém uma senhora de 83 anos como um exemplo do cumprimento dos direitos humanos.

( ) A comemoração do 70º aniversário da Declaração Universal dos Direitos Humanos.

( ) Há, na sociedade, uma visão distorcida do que são os direitos humanos e a quem eles devem ser garantidos.

( ) A responsabilidade da mídia na formação da opinião pública em relação aos presos no Brasil.

3. O autor utiliza diferentes estratégias para construir textualmente seu ponto de vista.

a) Em qual pessoa as formas verbais do texto estão predominantemente conjugadas? Qual é o efeito desse uso para a construção do ponto de vista do autor do texto?

____

____

____

____

____

____

b) Há duas únicas formas verbais no texto empregadas na 1ª pessoa do plural, **passamos**, no parágrafo 3, e **negamos**, no parágrafo 6. Nesses contextos, a quem se refere o sujeito **nós**?

____

____

____

____

c) Como você já sabe, a linguagem, mesmo quando busca ser impessoal, não é neutra. Troque ideias com os colegas e o professor: Por meio de quais termos e construções do texto é possível inferir o ponto de vista do autor?

____

____

____

____

____

____

4. O título do texto faz uma alusão a uma frase popularmente utilizada em determinados contextos.

a) Que frase é essa e com que sentido ela costuma ser utilizada?

____

____

____

b) Que sentido é construído pelo autor ao fazer tal alteração nessa frase e colocá-la como título de seu texto?

____

____

____

____

____

5. Para construir sua argumentação, o autor do texto utiliza estratégias como as que seguem:

( ) Constrói perguntas complexas a fim de despertar a reflexão dos leitores para o assunto central do texto.

( ) Menciona exemplos do cotidiano (programas de televisão e grupos de WhatsApp) para ilustrar e corroborar seu ponto de vista.

( ) Cita dados numéricos que justificam suas afirmações e utiliza uma comparação para esclarecer o conceito de direitos humanos.

( ) Narra, do ponto de vista dele, um fato ocorrido no país, relacionando esse fato a uma data internacionalmente importante.

( ) Retoma ideias anteriormente desenvolvidas e ratifica seu ponto de vista, fazendo menção ao título do texto.

( ) Explicita sua visão sobre o comportamento das pessoas que presenciaram tal fato, expandindo essa visão para o comportamento da sociedade em geral.

a) Numere as estratégias de 1 a 6, de acordo com a ordem em que elas aparecem no texto em estudo.

b) Troque ideias com os colegas e o professor e explique por que a menção a dados numéricos, questionamentos, exemplos e fatos do cotidiano pode ser considerada uma estratégia de argumentação.

6. Nos dois primeiros parágrafos do texto, o autor estabelece uma série de comparações.

a) Identifique a quais itens ele compara:

- a cena do assassinato do assaltante:

- o desfecho da cena:

- os gritos das pessoas que viam a cena:

b) A qual cenário essa comparação remete? Identifique a expressão da última frase do 2º parágrafo utilizada pelo autor para descrever esse cenário, justificando sua resposta.

c) Troque ideias com os colegas e o professor e conclua: Qual é a relação entre essa comparação e o ponto de vista do autor do texto sobre o assunto em debate?

7. Em sua maioria, as ocorrências de aspas ao longo do texto em estudo têm a função de marcar uma citação de falas ou discursos de terceiros, pelos quais o autor não necessariamente se responsabiliza e com os quais pode não concordar.

Alice Mollon/Getty Images

a) Há um único caso cuja função das aspas difere da descrita anteriormente. Identifique esse caso e indique a função das aspas no contexto.

b) Considerando o ponto de vista do autor do texto, classifique os demais casos em que as aspas ocorrem, segundo estas orientações:

- termos e expressões de terceiros com os quais o autor provavelmente não concorda:

- termos e expressões de terceiros com os quais o autor pode concordar:

c) A expressão **bolsa cadeia**, citada entre aspas no texto, é retomada pelo autor com outros termos em sua própria voz, sem o uso das aspas, nos parágrafos 5 e 6. Identifique esses termos.

8. Agora observe como estão relacionados entre si os parágrafos 3 a 6.

a) Qual expressão da última frase do parágrafo 3 é retomada e expandida no parágrafo 4? Indique quais expressões do texto são responsáveis por essa retomada.

b) O parágrafo 5 começa com uma construção na voz passiva sintética, sem a identificação do responsável pela ação de vender. Relacione os parágrafos 4 e 5, troque ideias com os colegas e o professor e proponha uma reescrita para essa primeira frase, utilizando o verbo **vender** em uma construção na voz ativa.

____

____

____

____

____

____

c) O parágrafo 6 retoma o auxílio-reclusão mencionado no parágrafo 5. Qual expressão da primeira frase do parágrafo 6 marca uma retomada e com que finalidade essa retomada é feita nesse parágrafo?

____

____

____

____

9. Releia as duas últimas frases do texto:

- "O termo 'minorias', para que fique claro, não está relacionado ao tamanho de um grupo, mas sim a seu grau de vulnerabilidade: pobres, negros, mulheres, índios, LGBTs."
- "Os direitos humanos têm de estar ao alcance de todos, mas, principalmente, dos humanos sem direitos."

Observe que, nas duas frases, a conjunção **mas** estabelece uma conexão de ideias.

a) Entre as opções a seguir, identifique a que descreve o tipo de relação existente entre as frases.

( ) exemplificação

( ) contraste

( ) explicação

b) Que ideias são colocadas nessa relação pela palavra **mas** em cada período?

____

____

____

____

10. Levante hipóteses: De que forma a referência ao título no final do artigo contribui para a construção do texto?

11. Nos artigos de opinião, a linguagem empregada geralmente é direta e clara, utilizada em uma variedade urbana de prestígio, próxima à norma-padrão. Às vezes, dependendo do veículo de comunicação e do perfil do público que o autor pretende atingir, a variedade linguística pode ser menos ou mais formal. Observe a linguagem do texto lido.

a) Ela está de acordo com a norma-padrão ou foi empregada uma variedade linguística específica de algum grupo social?

b) A linguagem é predominantemente formal ou informal?

12. Reúna-se com os colegas de grupo e, com base em suas respostas anteriores, concluam: Quais são as características básicas do artigo de opinião? Para responder, leve em conta os aspectos a seguir.

- finalidade do gênero:
- perfil dos interlocutores:
- suporte/veículo:
- tema:
- estrutura:
- linguagem:

Agora é a sua vez

Você sabe que, ao final desta unidade, vai produzir, juntamente com seus colegas, uma revista sobre os meios de comunicação no mundo atual. Neste capítulo, você leu um artigo de opinião que expunha o ponto de vista do autor sobre diferentes visões da sociedade atual a respeito dos direitos humanos. Debater temas polêmicos e expor diferentes pontos de vista sobre eles também fazem parte do papel dos meios de comunicação.

Chegou a hora de você escrever o seu próprio artigo de opinião, que fará parte da revista. Leiam as propostas que seguem e combinem com o seu professor a melhor forma de realizá-las.

Prostock-studio/Shutterstock

Proposta 1

Ao assumir um ponto de vista sobre determinado assunto, é importante compreender que, em grande parte das vezes, não há posicionamento certo e posicionamento errado, mas, sim, formas diversas de perceber uma mesma situação. Pessoas diferentes pensam de forma diferente, tendo em vista sua formação, seus interesses, seu trabalho, etc. e isso é natural e desejável, pois assim se constrói uma sociedade democrática, na qual opiniões divergentes podem conviver. Além disso, ao tomar contato com um ponto de vista diferente do seu, uma pessoa pode aprofundar a sua visão e conseguir mais elementos para defender de forma ainda mais consistente seu pensamento.

Em março de 2018, por ocasião da decisão do Governo Federal de intervir na segurança pública do Rio de Janeiro por meio de tropas do Exército, foi organizado o painel "Segurança Pública no Estado do Rio de Janeiro: Intervenção Federal e Forças Armadas". No evento, a intervenção federal foi debatida com a participação da professora Alba Zaluar, do Instituto de Estudos Sociais e Políticos, do general de Exército Augusto Heleno Ribeiro de Souza e do desembargador Milton Fernandes de Souza, então presidente do Tribunal de Justiça do Estado do Rio de Janeiro.

A seguir, você vai ler a transcrição de um trecho da fala do general Heleno, no qual ele aborda o mesmo assunto do artigo de opinião de Breiller Pires, estudado neste capítulo, mas com um ponto de vista diferente.

Se os humanos direitos não têm direitos humanos, nós temos primeiro que arrumar isso. Vamos conseguir direitos humanos para humanos direitos, depois pensar em bandido. Bandido tem que ter direitos humanos? Claro que tem. É um absurdo cometer insanidades nas operações.

Agora passar a régua em bandido com fuzil sem efeito colateral... O cara não pode andar armado com fuzil como anda com aspirador de pó. Que brincadeira é essa? Ele não tem direito nem de andar armado, quanto mais com uma AR-15.

Um sujeito desses tem que ser devidamente alertado que, pela regra de engajamento, desde que não haja efeito colateral e ele esteja exibindo uma arma de uso exclusivo das Forças Armadas, ele é alvo porque eu preciso vencer uma situação de extrema crise. Tão extrema que fez com que o governo adotasse uma providência extraordinária [intervenção militar] para tentar dar uma arrumada na casa. [...] Não vai resolver jogando flores e beijinhos. [...]

98% da população das comunidades é honesta, trabalhadora, sai de casa quatro horas da manhã pra voltar às dez da noite e fica apavorada, porque quem não dá o direito de ir e vir, quem não dá direito de o sujeito ter uma vida normal é o traficante. Aí querem transferir que a operação das Forças Armadas vai impedir o direito de ir e vir, quem não dá o direito de ir e vir é o traficante, são eles que têm que ser eliminados. O verbo da missão é eliminar, ou bota na cadeia, ou elimina [...] Porque aí dois meses depois esse cara tá na rua, matando a família do policial, matando policial. Então tem determinadas coisas que nós temos que entender. O Brasil tem que entender que [...] nós precisamos de providências extraordinárias. [...] Se nós continuarmos com essa contemplação, com essa adoração, de achar que o bandido é um produto da sociedade; sim, o bandido é um produto da sociedade, só que agora o bandido está transformando a sociedade, escravizando a sociedade, tornando a sociedade refém do seu banditismo e precisa de uma ação extraordinária para botar as coisas no lugar. Depois nós vamos cuidar de educação, saúde, primeiro tem que arrumar a casa.

(Transcrição de parte da fala do general Heleno, disponível em: https://www.esg.br/noticias/copy8_of_titulo-da-noticia-entre-35-e-90-caracteres-com-espaco. Acesso em: 14/3/2018.)

Abaixo estão alguns temas polêmicos em debate atualmente na sociedade. Escolha um deles, ou outro que preferir, e reúna-se em grupos, cuidando para que em cada grupo haja colegas que pensem de diferentes formas sobre o tema em debate. Reunidos, exponham oralmente seus pontos de vista e argumentos uns aos outros.

Anote os pontos levantados pelos colegas a fim de que eles sirvam de base para você fundamentar de forma ainda mais consistente a sua argumentação. Em seguida, escreva um artigo de opinião defendendo seu posicionamento.

Temas:

- Direitos humanos: direito de todos ou privilégio de poucos?
- A tecnologia mais auxilia ou mais prejudica a vida do jovem atual?
- Cotas raciais são uma política necessária?
- Garotos podem ser feministas?
- É possível, nos dias de hoje, levar uma vida em plena harmonia com a natureza?

Proposta 2

Leia o infográfico e o texto a seguir e utilize dados e informações por eles fornecidos, além de suas referências pessoais, para construir sua argumentação em um artigo de opinião no qual você defenda seu ponto de vista sobre a seguinte questão: **Até que ponto se mantém a credibilidade das mídias no Brasil atualmente?**.

Pesquisa Brasileira de Mídia 2016

Índice de confiança nas notícias

	sempre	muitas vezes	poucas vezes	nunca	Não sabe/não respondeu
Jornais	29%	30%	36%	4%	0%
TV	28%	26%	38%	8%	1%
Rádio	29%	28%	35%	6%	2%
Revistas	15%	25%	51%	7%	2%
Sites	6%	14%	62%	16%	2%
Blogs	4%	7%	54%	29%	6%
Redes sociais	5%	9%	63%	21%	1%

Índice de leitura

66% Versão impressa

30% Versão digital

2% Ambas

?

2% Não sabe/ Não respondeu

Em que situação lê a versão impressa?

49% Comprando na banca

20% Lê de outra pessoa/ trabalho/etc.

16% Assinatura

14% Lê jornais gratuitos nas ruas

1% Não sabe/ Não respondeu

(Disponível em: http://www.tribunadeindaia.com.br/_conteudo/2017/01/cidade/31686-jornais-lideram-indice-de-confianca-no-pais.html. Acesso em: 26/2/2019.)

Gastos com publicidade digital sobem a R$ 312 bilhões em 2017

Salto de 21% em comparação com 2016 fez ganhos com anúncios digitais ultrapassarem pela 1ª vez o das transmissões de TV a cabo, diz PwC

Os valores desembolsados com publicidades digitais saltaram 21% no ano passado na comparação com 2016 e somaram R$ 312,4 bilhões (US$ 88 bilhões).

Os dados do ano passado, apresentados pelo Relatório de Receita de Publicidade na Internet, realizado pela consultoria PwC, seguem a trajetória de alta nos desembolsos com anúncios online, que batem recordes a cada ano, segundo o relatório revelado pelo site TechCrunch.

O relatório ainda revela que os gastos com publicidade digital ultrapassaram pela primeira vez o valor total gasto em anúncios de transmissão de TV a cabo, que somou R$ 248,8 bilhões (US$ 70,1 bilhões).

De acordo com as informações, somente a publicidade para o ambiente móvel subiu 57% na passagem de 2016 para 2017, para R$ 177,1 bilhões (US$ 49,9 bilhões).

Em entrevista apresentada no site TechCrunch, o sócio da PwC nos Estados Unidos David Silverman afirma que o crescimento da publicidade na internet é guiado pelas melhorias na tecnologia, capacidade de atingir diferentes públicos, disponibilidade de plataformas e ascensão das marcas.

Para Silverman, a tendência real do universo da publicidade é de "convergência". "A convergência de mídia e, particularmente de vídeo, continuará impulsionando o crescimento. Antes, as pessoas só assistiam TV em casa. Agora, assistem em qualquer dispositivo, em qualquer lugar."

(Disponível em: https://noticias.r7.com/tecnologia-e-ciencia/gastos-com-publicidade-digital-sobem-a-r-312-bilhoes-em-2017-10052018. Acesso em: 14/3/2019.)

Proposta 3

Retome os dados das pesquisas e entrevistas feitas por você e seus colegas no capítulo 1 desta unidade, para produzir a reportagem sobre o consumo das diferentes mídias pelo jovem atual. Utilize esses dados como base para escrever, agora, um artigo de opinião no qual você exponha seu ponto de vista sobre a seguinte questão: **Qual será o futuro das mídias existentes atualmente?**. Você também pode fazer novas pesquisas em busca de depoimentos de profissionais da área de tecnologia para fundamentar seus argumentos.

Planejamento do texto

- Antes de começar a escrever, tenha em mente qual é o seu ponto de vista sobre o tema e qual tese você pretende defender em seu texto.
- Defina se vai escrever seu texto em 1ª ou em 3ª pessoa, estando atento aos efeitos de cada opção: respectivamente, um texto mais pessoal ou mais impessoal.
- Você pode desenvolver e retomar sua tese ao longo do texto, à medida que vai inserindo exemplos, dados, citações que corroborem ou complementem seu ponto de vista e fundamentem sua argumentação.
- Você pode apresentar os argumentos por parágrafo, citando exemplos, fazendo comparações, indicando causas e consequências, citando o pensamento de outra pessoa ou notícias publicadas em revistas e jornais, etc.
- Esteja atento à construção do seu texto: estabeleça relações entre as partes, a fim de que elas estejam bem-conectadas, retomando ideias já apresentadas e dando sequência à argumentação.
- Procure concluir o texto em um ou dois parágrafos. Nele(s), você pode confirmar o ponto de vista que apresentou inicialmente, fazer uma síntese das ideias ou fazer uma proposta ou sugestão.
- Procure adequar a linguagem do seu texto ao perfil dos leitores que pretende atingir e ao suporte em que ele vai ser veiculado.
- Dê ao texto um título que desperte a curiosidade do leitor.
- Lembre-se de que o artigo de opinião tem uma linguagem objetiva, em uma variedade próxima à norma-padrão.
- Formate o texto em colunas para publicá-lo na revista.

Revisão e reescrita

Antes de fazer a versão final do seu texto, releia-o, observando:

- se você se posiciona claramente sobre o tema;
- se o texto apresenta uma ideia principal que resume seu ponto de vista;
- se a ideia principal é fundamentada com argumentos claros e consistentes;
- se os argumentos são bem-desenvolvidos, retomados e aprofundados ao longo do texto;
- se a conclusão retoma ou confirma o ponto de vista defendido ou se apresenta uma proposta;
- se o título dado ao texto é atraente e coerente com as ideias desenvolvidas;
- se o texto como um todo é capaz de convencer o leitor;
- se a linguagem está de acordo com uma variedade próxima à norma-padrão da língua e com um grau de formalidade adequado ao público-alvo.

Oficina de Criação

Projeto ▸ A mídia em revista

Nesta unidade, você produziu reportagens, fotorreportagens e artigos de opinião para construir a revista da turma, que poderá ser lançada em um evento realizado por vocês. Agora, vamos organizar o material produzido e montar a publicação, cujo título pode ser **A mídia em revista** ou outro que prefiram. Para tanto, há, a seguir, algumas orientações de montagem, a serem feitas em grupo. Lembrem-se de que os leitores dos textos de vocês serão professores e funcionários da escola, colegas de sua classe e de outras, amigos e familiares.

Hero Images/Getty Images

Montando a revista

- Reúnam todo o material produzido nesta unidade: as reportagens, as fotorreportagens e os artigos de opinião.
- Decidam como vão organizar o material: se vão fazer uma única revista para toda a classe, se vão fazer mais de uma revista mesclando texto de todos os alunos da classe ou se vão se dividir em grupos, cada grupo montando sua própria revista.
- Decidam como os textos serão organizados: se preferem apresentar primeiramente as reportagens, seguidas das fotorreportagens e dos artigos de opinião, formando conjuntos, cada um em um conjunto, ou se preferem intercalar os gêneros, juntando, por exemplo, textos variados com assuntos afins.
- Diagramem o material em um formato midiático, isto é, disponham os textos em colunas, intercalados com as imagens; usem nos títulos letras de tamanho grande e explorem recursos como negrito, itálico, maiúsculas, etc.
- Quando a diagramação estiver concluída, peçam a outros colegas que leiam a revista e a avaliem. A partir das sugestões dos colegas, façam as modificações que acharem convenientes.
- Definam como a publicação será confeccionada: se vão imprimir em gráfica ou se vão produzi-la de forma artesanal; se vão encadernar em espiral ou se utilizarão grampos; se vão fazer colagens manualmente ou se vão digitalizar todo o texto, etc.

Reprodução/Prefeitura Município Araucária

Reprodução/<http://uespicos.blogspot.com/2014/12/alunos-do-iv-periodo-de-comunicacao.html>

Reprodução/<http://www.ufla.br>

Divulgando a revista

Thais Circelli/Arquivo da editora

- Finalizada(s) a(s) revista(s), vocês podem organizar um evento de lançamento, que pode ser realizado em um dia e em um horário especiais, exclusivo para isso, ou em horário de aula. Nesse evento, vocês farão a primeira divulgação, lançando a(s) revista(s) produzida(s).
- Convidem familiares, funcionários, alunos e professores da escola para conhecerem o trabalho realizado.
- Escolham um porta-voz para fazer uma fala breve, contando como foi o processo de produção e qual é o objetivo principal de vocês com a publicação.

Disponibilizando a revista para leitura

- Após o lançamento, combinem com os colegas e o professor o melhor meio de disponibilização da(s) revista(s): em um primeiro momento, vocês podem revezar entre vocês mesmos, levando-a(s) para casa, a fim de mostrá-la(s) a amigos e familiares; depois, podem deixá-la(s) disponível (disponíveis) para leitura em alguma sala de espera na recepção da escola, na biblioteca, no balcão da secretaria, etc.
- Conversem com o professor de informática e vejam a possibilidade de formatar os textos de vocês em uma revista digital, que pode ser disponibilizada no *site* da escola, se houver, ou em algum *blog* criado pela classe para esse fim. Caso não seja possível fazer uma edição digital, vocês podem publicar as reportagens, as fotorreportagens e os artigos de opinião individualmente, como postagens no *blog*.

Thais Circelli/Arquivo da editora

UNIDADE

3

EM CENA. ENCENA!

Meu objetivo é interpretar bem, é melhorar sempre, é conseguir transmitir à plateia a paixão que sinto pelo texto.

Entre teatro político, teatro de vanguarda, teatro de revista, teatro poético, teatro expressionista, teatrão, teatrinho, besteirol e cia., prefiro "teatro" simplesmente.

[...] a morte do teatro foi decretada muitas vezes — quando surgiu o cinema, quando surgiu o rádio, quando surgiu a TV.

Mas o Teatro não morreu. Enquanto houver alguém com capacidade de vivenciar uma história com sua voz, seu corpo, sua cabeça e seu coração, haverá alguém para assisti-lo e se emocionar, haverá "teatro".

Paixão, palco e plateia, isto é, "teatro", são para sempre.

Paulo Autran

(Apud: Bárbara Heliodora e outros. *Brasil: palco e paixão*. Rio de Janeiro: Aprazível, 2004/2005.)

Lenise Pinheiro/Folhapress

Cena do espetáculo *Romeu e Julieta*, no Teatro Shopping Frei Caneca, em 2018.

Fique ligado! Pesquise!

Para você aprofundar seus conhecimentos sobre teatro, técnicas teatrais e resenha crítica, sugerimos:

Reprodução/Imovision

Filmes

- *Hysteria*, de Ava Rocha e Evaldo Mocarzel; *César deve morrer*, de Paolo e Vittorio Taviani; *Sonhos em movimento — Nos passos de Pina Bausch*, de Anne Linsel e Rainer Hoffmann; *Mentiras sinceras*, de Pedro Asbeg; *O retorno de Mary Poppins*, de Rob Marshall; *Últimas conversas*, de Eduardo Coutinho; *O sal da Terra*, de Wim Wenders e Juliano Salgado; *Pina*, de Wim Wenders; *The square — A arte da discórdia*, de Ruben Östlund.

Livros

- *Teatro para a juventude*, de Tatiana Belinky (Ibep); *Teatro para crianças e jovens* (de todas as idades), de Maria Helena Kühner (Vertente Cultural); *Os cigarras e os formigas e outras peças*, de Maria Clara Machado (Nova Fronteira); *Sr. William Shakespeare*, de Marcia Williams (Ática); *Comédias de Jandira Martini e Marcos Caruso*, de Jandira Martini e Marcos Caruso (Panda); *O que é teatro*, de Fernando Peixoto (Brasiliense); *Teatro brasileiro do século XX*, de Samira Youssef Campedelli (Scipione); *200 exercícios e jogos para o ator e o não ator com vontade de dizer algo através do teatro*, de Augusto Boal (Civilização Brasileira); *O livro do ator*, de Flavio de Souza (Companhia das Letrinhas); *O teatro no mundo*, coleção As Origens do Saber (Melhoramentos); coleção Teatro da Juventude (Secretaria de Estado da Cultura do Governo do Estado de São Paulo); *A partilha*, de Miguel Falabella e Daniel Filho (Objetiva); *Livro aberto — Confissões de uma inventadeira de palco*, de Sylvia Orthof (Atual); *Brasil: palco e paixão*, de Bárbara Heliodora e outros (Aprazível); *Da matéria dos sonhos*, de Rosana Rios (Saraiva); *O jovem lê e faz teatro*, de Gabriela Rabelo (Mercuryo Jovem).

Reprodução/Companhia Editora Nacional

Música

- "Tempo e artista", de Chico Buarque; "Dani", de Biquíni Cavadão; "Cinema Novo", de Caetano Veloso; "Cinema mudo", de Herbert Viana; "Imagem", de Arnaldo Antunes.

Sites

- http://portacurtas.org.br/
- curtaocurta.com.br
- https://www.guiademidia.com.br/sites/teatro.htm
- https://cenaescoladeatores.com/
- https://www.conexoes.org.br/pecas
- https://www.teatronaescola.com/index.php/banco-de-pecas/category/pecas-teatrais-curtas-ou-adaptadas

Fique ligado! Escreva!

O texto a seguir é um fragmento da peça *Romeu e Julieta*, do dramaturgo inglês William Shakespeare, famosa por ter como tema o amor impossível entre dois jovens, filhos de famílias rivais.

O trecho mostra uma parte do diálogo entre eles. É noite, Julieta está no balcão de seu quarto, e Romeu embaixo, no jardim.

[...]

JULIETA — Como vieste parar aqui, conta-me, e por que razão? Os muros do pomar são altos e difíceis de escalar, e, considerando-se quem és, este lugar é sinônimo de morte, no caso de um parente meu encontrar-te aqui.

ROMEU — Com as asas leves do amor superei estes muros, pois mesmo barreiras pétreas não são empecilho à entrada do amor. E aquilo que o amor pode fazer é exatamente o que o amor ousa tentar. Assim sendo, teus parentes não são obstáculo para mim.

JULIETA — Se eles te veem, vão matar-te.

ROMEU — Ai de mim! Teu olhar é mais perigoso que vinte das espadas de teus parentes. Basta que me olhes com doçura, e estou salvo da inimizade deles.

JULIETA — Por nada neste mundo quero que eles te vejam aqui.

ROMEU — Tenho o manto da noite para me ocultar dos olhos deles. E, se não me amas, deixa que eles me encontrem aqui. É melhor ter minha vida cercada pelo ódio de teus parentes que ter morte prorrogada, carente eu de teu amor. [...]

(*Tragédias*. São Paulo: Nova Cultural, 2003. p. 49.)

Album/Fotoarena

Cena do filme *Romeu e Julieta* (2013), de Carlo Carlei.

Em dupla, reescrevam o diálogo acima, transpondo as personagens para os dias de hoje. Façam as adaptações necessárias quanto à linguagem e à situação.

De olho no gênero

Em dupla, leiam para a classe o diálogo de Romeu e Julieta que vocês reescreveram. Cada um reproduz a fala de uma personagem, fazendo de conta que é ela. Ou seja, transformem a leitura em ação, fingindo ser a personagem que interpretam.

Após a leitura, respondam a estas perguntas:

- Você já foi ao teatro? A que peça teatral você assistiu? Você gostou? Por quê? Conte para os colegas.
- Que diferenças há entre assistir a um filme no cinema e assistir a uma peça na plateia de um teatro?
- Tanto a encenação teatral quanto a encenação cinematográfica são feitas a partir de textos: o texto teatral e o roteiro de cinema. Você acha que há alguma semelhança entre esses dois gêneros? Troque ideias com os colegas.

Agora, para saber mais sobre o teatro, leia os textos a seguir.

Do diálogo entre atores ao texto teatral escrito

O teatro nasceu na Grécia antiga e originou-se das festas em homenagem ao deus do vinho, Dionísio. Nessas festas o povo dançava, cantava e bebia muito vinho, e um de seus pontos altos era o momento da apresentação dos ditirambos, poemas cantados em coro e com partes narradas nos quais os cantores e os atores cultuavam o deus. Com o tempo, os temas foram se ampliando, e as histórias passaram a homenagear também outros deuses e heróis e a ter a presença de um coro que comentava certas passagens da narração. As festas, por sua vez, se transformaram em festivais anuais com duração de seis dias. O povo se acomodava em arquibancadas, onde permanecia desde o amanhecer até o crepúsculo, aplaudindo ou protestando. Todos os atores atuavam mascarados, usavam robes acolchoados e sapatos de sola alta. Com esses recursos, tinham sua figura ampliada e, vistos das arquibancadas, pareciam gigantes.

Certo dia, um dos participantes do coro subiu em um tablado para responder ao coro, e assim surgiram os diálogos entre os atores e, consequentemente, o texto teatral.

Os grandes dramaturgos gregos foram Ésquilo, Sófocles e Eurípedes, na tragédia, e Aristófanes, na comédia.

Bridgeman/Fotoarena

Teatro na Grécia antiga.

O teatro medieval nos adros das igrejas

Na praça se ergue um palanque de trinta metros, apoiado à catedral. A cidade está movimentada. Um pregoeiro já recrutou atores entre a população. Padres, burgueses e artesãos se oferecem como voluntários para interpretar os cerca de quinhentos personagens que compõem o **mistério**, composição teatral que, na Idade Média, contava a história dos santos. Cada um prepara com cuidado seu traje de seda e de veludo. O espetáculo durará semanas. O público, vibrando junto, passará da crueldade à piedade, do riso às lágrimas, fascinado por essa aula ilustrada "representada em honra de Deus para instruir o povo pobre".

(*O teatro no mundo*. São Paulo: Melhoramentos, 1995. p. 6.)

Bridgeman/Fotoarena

Teatro na Idade Média.

Na Idade Média, na Europa, o teatro não tinha apenas cunho religioso. Por volta do ano 700, grupos de teatro viajavam de aldeia em aldeia, levando em suas carroças atores e atrizes, cenários e figurinos. Além de meio de transporte, a carroça servia de casa e muitas vezes de palco para a encenação de histórias engraçadas ou trágicas. A partir desses grupos teatrais, conhecidos por saltimbancos, foi que surgiu o circo.

A *commedia dell'arte*

A *commedia dell'arte* italiana era um tipo incomum de teatro, baseado em certos tipos de personagens e na improvisação. Os atores, misto de dançarinos, cantores, acrobatas, comediantes e mímicos, faziam sempre os mesmos papéis, improvisavam diálogos e usavam máscaras. Os tipos mais queridos dos apreciadores da *commedia dell'arte* eram o Polichinelo, o Arlequim, o Capitão, a Colombina e o Pantaleão.

Bridgeman/Fotoarena

Máscaras italianas da commedia dell'arte (século XVII).

Um teatro de veludo e de ouro

> Uma das ideias ambiciosas da Renascença foi unir em cena todas as artes: poesia, canto, dança, pintura... A invenção da ópera permanece como uma das suas grandes glórias. Esse gênero teatral, nascido na Itália, aí se desenvolveu, influenciado pela língua naturalmente melodiosa do país. Porém, logo se espalhou pelo resto da Europa. [...] Depois da Itália, vieram a Alemanha e a Áustria, contribuindo com seus maiores gênios para o desenvolvimento do teatro lírico. Em diferentes épocas, Haendel, Mozart, Wagner compuseram obras imortais.
>
> Cenários mágicos, cantoras de raro talento, diabos, bailarinas, soldados e feiticeiras se apresentavam sobre os palcos de ópera para oferecer ao público espetáculos grandiosos.
>
> (*O teatro no mundo*. São Paulo: Melhoramentos, 1995. p. 26.)

Shakespeare

Romeu, Julieta, Hamlet e rei Lear são, entre outros, célebres personagens do mais talentoso dramaturgo de todos os tempos, William Shakespeare.

Nascido em 1564, na Inglaterra, Shakespeare foi primeiramente ator e depois montou com amigos uma casa de espetáculos. Com histórias cheias de humor e drama e personagens pertencentes a várias classes sociais, suas peças agradavam tanto a reis e rainhas quanto ao povo mais simples.

O teatro shakespeariano faz sucesso ainda hoje, e muitas das peças do autor têm sido adaptadas para o cinema, atingindo, assim, um grande público.

Lenise Pinheiro/Folhapress

Cena da peça *Medida por medida*, de William Shakespeare.

O teatro de bonecos

Muitas são as técnicas utilizadas no teatro de bonecos, desde as empregadas nas conhecidas marionetes até as do teatro de sombras. Muitos são também os materiais de que elas se servem, como o pano, o enchimento de espuma, a palha, o isopor, a madeira, assim como os cenários. O teatro de bonecos é quase sempre feito para crianças, e existem no mundo alguns muito famosos, como o *bunraku*, do Japão, o teatro de sombra da Turquia, China e Tailândia e os bonecos de vara de Java, na Indonésia.

covardlion/Shutterstock

Teatro de bonecos.

O teatro brasileiro

Na história do teatro brasileiro, destacam-se grupos que marcaram época, assim como autores e diretores que ficaram conhecidos por inovações na técnica teatral. Entre os primeiros estão Os Comediantes e o Grupo Opinião, no Rio de Janeiro, e o Teatro de Arena, o Teatro Brasileiro de Comédia e o Grupo Oficina, em São Paulo. Entre os autores e diretores, citam-se Martins Pena, França Júnior, Artur Azevedo, Oswald de Andrade, Gianfrancesco Guarnieri, Ariano Suassuna, Nelson Rodrigues, Oduvaldo Viana Filho, Paulo Pontes, Flávio Rangel, Augusto Boal, Ziembinski e José Celso Martinez Correa.

Leo Martins/Agência O Globo

Cena da peça *Elza*, de Duda Maia, biografia musical, levada ao palco em 2018, que narra a história da cantora Elza Soares.

A resenha crítica

A resenha crítica, ou simplesmente crítica de arte, é o texto que avalia um objeto cultural, apontando seus aspectos positivos e negativos a um público interessado. Nasceu na Europa no século XVIII, no contexto de valorização dos salões artísticos e literários. No Brasil, a crítica de arte surgiu no século XIX com a fundação da Academia Imperial das Belas Artes, no Rio de Janeiro, no contexto da discussão sobre o que era arte brasileira.

Durante muito tempo, a crítica teve sua circulação restrita a livros, revistas especializadas e jornais diários. Hoje, entretanto, a crítica também é veiculada na TV, em *sites*, nas rádios e em *vlogs* e *podcasts*.

Comaniciu Dan/Shutterstock

Oficina de Criação

Projeto ▸ Mostra de artes cênicas

Nesta unidade, você vai participar com os colegas da organização do evento **Mostra de artes cênicas**, no qual haverá uma mostra de teatro com exposição das resenhas críticas produzidas pela classe. Todo o material será elaborado regularmente nas aulas, ao longo desta unidade. Participe!

CAPÍTULO 1

O TEXTO TEATRAL ESCRITO

O gênero em foco

O texto a seguir faz parte de uma das peças teatrais mais prestigiadas do teatro brasileiro: *O santo inquérito*, de Dias Gomes, escrita em 1966.

Na cena mostrada no trecho, situada no ano de 1750, no interior da Paraíba, Branca Dias salva o Padre Bernardo de afogamento. Nesse primeiro contato entre os dois, observa-se já o conflito central da peça: a ingenuidade, a alegria e a espontaneidade da jovem, em contraste com formas arraigadas de pensamento do religioso.

O santo inquérito

Reprodução/Escola de Teatro Universidade Federal da Bahia

PADRE BERNARDO (*Fora de cena, gritando.*) Socorro! Aqui del rei!

Branca sai correndo. Volta, amparando Padre Bernardo, que caminha com dificuldade, quase desfalecido. Ela o traz até o primeiro plano e aí o deita, de costas. Debruça-se sobre ele e põe-se a fazer exercícios, movimentando seus braços e pernas, como se costuma fazer com os afogados. Vendo que ele não se reanima, cola os lábios na sua boca, aspirando e expirando, para levar o ar aos seus pulmões.

PADRE BERNARDO (*De olhos ainda cerrados, balbucia.*) Jesus... Jesus, Maria, José...

Ele vai se reanimando aos poucos. Abre os olhos e vê Branca, de joelhos, a seu lado.

PADRE BERNARDO Obrigado, Senhor, obrigado por terdes atendido ao meu apelo desesperado... Não sou merecedor de tanta misericórdia. (*Ele beija repetidas vezes um crucifixo que traz na mão.*) Alma de Cristo, santificai-me; Corpo de Cristo, salvai-me; Sangue de Cristo, inebriai-me...

BRANCA Achava melhor o senhor deixar pra rezar depois. Agora era bom que virasse de bruços e baixasse a cabeça pra deixar sair toda essa água que engoliu.

Ajudado por ela, ele vira de bruços e baixa a cabeça. Ela pressiona sua nuca, para fazer sair a água.

BRANCA Se eu não chego a tempo, o senhor bebia todo o rio Paraíba...

PADRE BERNARDO (*Senta-se, meio atordoado ainda.*) A minha canoa?...

BRANCA A canoa? Seguiu emborcada, rio abaixo. Tinha alguma coisa de valor?

PADRE BERNARDO Tinha, o cofre com as esmolas...

BRANCA Muito dinheiro?

PADRE BERNARDO Bastante.

BRANCA Agora deve estar no fundo do rio.

PADRE BERNARDO Só consegui agarrar o crucifixo; tinha de escolher, uma coisa ou outra...

BRANCA Foi uma pena. Com o dinheiro, o senhor talvez comprasse dois crucifixos. E quem sabe ainda sobrava.

PADRE BERNARDO Não diga isso, filha!

BRANCA Por quê?

PADRE BERNARDO Porque é o Cristo... Não é coisa que se compre. Tivesse eu escolhido o cofre e certamente a esta hora estaria no fundo do rio com ele. Foi Jesus quem me salvou.

BRANCA (*Timidamente.*) Eu ajudei um pouco...

PADRE BERNARDO Eu sei. Você foi o instrumento. Não estou sendo ingrato. Sei que arriscou a vida para me salvar.

BRANCA Não foi tanto assim. O rio aqui não é muito fundo e a correnteza não é lá tão forte. Quando a gente está acostumada...

PADRE BERNARDO Acostumada?...

BRANCA Venho banhar-me aqui todos os dias. Sei nadar e salvar alguém que está se afogando. É só puxar pelos cabelos. Com o senhor foi um pouco difícil por causa da tonsura. Tive de puxar pela batina. Me cansei um pouco, mas estou contente comigo mesma. Hoje vai ser um dia muito feliz para mim.

tonsura: corte de cabelo de forma arredondada no topo da cabeça, muito usado pelos clérigos.

PADRE BERNARDO Deus lhe conserve essa alegria e lhe faça todos os dias praticar uma boa ação, como a de hoje.

BRANCA Não é fácil. Acho que as boas ações só valem quando não são calculadas. E Deus não deve levar em conta aqueles que praticam o bem só com a intenção de agradar-Lhe. Estou ou não estou certa?

PADRE BERNARDO Bem...

BRANCA Não foi querendo agradar a Deus que eu me atirei ao rio para salvá-lo. Foi porque isso me deixaria satisfeita comigo mesma. Porque era um gesto de amor ao meu semelhante. E é no amor que a gente se encontra com Deus. No amor, no prazer e na alegria de viver. (*Ela nota que o Padre se mostra um pouco perturbado com as suas palavras.*) Estou dizendo alguma tolice?

PADRE No fundo, talvez não. Mas a sua maneira de falar... Quem é o seu confessor?

BRANCA Não tenho confessor. Vivo aqui, no Engenho Velho, que é de meu pai, Simão Dias, que o senhor deve conhecer de nome. Custo a ir à cidade.

PADRE Não vai à missa, aos domingos, ao menos?

BRANCA Nem todos os domingos. Mas não pense que porque não vou diariamente à igreja não estou com Deus todos os dias. Faço sozinha as minhas orações, rezo todas as noites antes de dormir e nunca me esqueço de agradecer a Deus tudo o que recebo Dele.

PADRE Gostaria de discutir com você esses assuntos. Não hoje, porque estamos ambos molhados, precisamos trocar de roupa.

BRANCA Vamos lá em casa, o senhor tira a batina e eu ponho pra secar. Posso lhe arranjar uma roupa de meu pai, enquanto o senhor espera.

PADRE (*A proposta parece assumir para ele uns aspectos de tentação.*) Não... isso não é direito...

BRANCA Por que não?

PADRE Já lhe dei muito trabalho por hoje. E preciso voltar quanto antes ao colégio.

BRANCA Que colégio?

PADRE O Colégio dos Jesuítas. Sou o Padre Bernardo.

BRANCA Lá aceitam moças?

PADRE Não... só meninos, rapazes.

BRANCA Por que nunca aceitam moças nos colégios?

PADRE Porque moças não precisam estudar.

BRANCA Nem mesmo ler e escrever?

PADRE Isso se aprende em casa, quando se quer e os pais consentem.

BRANCA (*Com certo orgulho.*) Eu aprendi. Sei ler e escrever. E Augusto diz que faço ambas as coisas melhor do que qualquer escrivão de ofício.

PADRE Quem é Augusto?

BRANCA Meu noivo. Foi ele quem me ensinou. Mas foi preciso que eu insistisse muito e quase brigasse com meu pai. É tão bom.

PADRE Ler?

BRANCA Sim. Sabe as coisas que mais me divertem? Ler estórias e acompanhar procissão de formigas. (*O Padre ri.*) Sério. Tanto nos livros como nas formigas a gente descobre o mundo. (*Ri.*) Quando eu era menina, conhecia todos os formigueiros do engenho. O capataz botava veneno na boca dos buracos e eu saía de noite, de panela em panela, limpando tudo. Depois ia dormir satisfeita por ter salvo milhares de vidas.

O Padre espirra.

BRANCA Oh, mas o senhor com essa roupa molhada no corpo e eu aqui contando estórias. O senhor me desculpe...

PADRE Não tenho de que desculpá-la, tenho que lhe agradecer, isto sim. Gostaria muito de continuar a ouvir as suas estórias. Todas, todas as estórias que você tiver para me contar.

BRANCA Pois venha, venha nos visitar lá no engenho. Eu me chamo Branca.

Ela beija a mão que ele lhe estende.

PADRE Branca... você é um dos tesouros do Senhor. Preciso cuidar de você. (*Sai.*)

[...]

(Rio de Janeiro: Ediouro, 2006. p. 38-44.)

Quem é Dias Gomes?

Joveci C. de Freitas/Agencia Estado

Dias Gomes.

Dias Gomes (1922-1999) nasceu em Salvador e foi um dos mais importantes autores de teatro no Brasil. Suas obras geralmente abordam problemas sociais, tanto em ambientes rurais quanto urbanos. Por essa razão, teve problemas com a censura durante o regime militar.

Entre suas obras teatrais, destacam-se *Pé de cabra*, *O santo inquérito* e *O pagador de promessas*. Esta última foi adaptada para o cinema e ganhou o prêmio Palma de Ouro no festival de Cannes, em 1962.

Dias Gomes atuou também no rádio e na televisão. Foi autor de várias novelas de sucesso, entre elas *Saramandaia*, *O bem-amado* e *Roque Santeiro*.

1. Nos textos teatrais, o desenvolvimento das ações e a caracterização das personagens se dão por meio dos diálogos. Releia estes trechos do texto teatral em estudo:

- "**PADRE BERNARDO** Deus lhe conserve essa alegria e lhe faça todos os dias praticar uma boa ação, como a de hoje."
- "**BRANCA** Não foi querendo agradar a Deus que eu me atirei ao rio para salvá-lo. Foi porque isso me deixaria satisfeita comigo mesma. Porque era um gesto de amor ao meu semelhante. [...]"

Como cada personagem vê a prática de boas ações para com os semelhantes?

( ) Obediência, na concepção do padre, e solidariedade, na concepção de Branca.

( ) Gesto que se pratica naturalmente, na concepção tanto do padre como na de Branca.

( ) Um meio a ser utilizado de forma proposital com o fim de se tornar virtuoso.

2. No texto, percebe-se a presença de valores do século XVIII, época em que se passa a história.

a) Que concepção o padre expressa a respeito da educação feminina?

____

____

____

____

b) Branca aceita essa situação?

____

c) O que as duas personagens masculinas mencionadas no texto, o pai e o noivo de Branca, pensavam sobre mulheres não serem letradas?

____

____

____

____

3. A maneira como Branca se expressa reflete o modo como ela vive e pensa. Levante hipóteses:

a) Quando Branca explica o motivo de ter se atirado ao rio para salvar o padre, este comenta sobre o que ela diz: "Mas a sua maneira de falar...". O que pode ter causado estranheza ao padre?

____

____

____

b) Por que a explicação de Branca não foi bem recebida pelo padre?

c) O que a moça pretendia dizer com a afirmação: "Tanto nos livros como nas formigas a gente descobre o mundo"?

Cena do filme *O pagador de promessas*, dirigido por Anselmo Duarte, baseado em peça de Dias Gomes.

d) O que, na despedida, leva o padre a dizer "Preciso cuidar de você"?

4. O texto teatral tem semelhanças com o texto narrativo: apresenta fatos, personagens, tempo e lugar.

a) Onde ocorre a cena retratada no texto lido?

b) Qual é, aproximadamente, o tempo de duração da cena? Como ele é percebido?

5. Comparando a estrutura do texto teatral com a de outros textos narrativos, como o conto e a fábula, observamos que o texto teatral se constrói de forma diferente.

a) Há, no texto teatral, um narrador que conta a história?

b) De que maneira, então, tomamos conhecimento dela?

6. O diálogo entre as personagens constitui o elemento essencial de um texto teatral. Em fábulas ou contos, a fala das personagens aparece geralmente depois de verbos como **dizer**, **perguntar**, **afirmar**, chamados ***dicendi***. No texto teatral lido, como é introduzida a fala das personagens?

____

____

____

7. O texto teatral apresenta alguns trechos em letras de tipo diferente, em geral o que é conhecido por **itálico**. Veja:

> "*Ajudado por ela, ele vira de bruços e baixa a cabeça. Ela pressiona sua nuca, para fazer sair a água.*
>
> **BRANCA** Se eu não chego a tempo, o senhor bebia todo o rio Paraíba...
>
> **PADRE BERNARDO** (*Senta-se, meio atordoado ainda.*) A minha canoa?..."

Márcia Galvão/Arquivo Pessoal

Cena da peça *O santo inquérito*, de Dias Gomes.

Esses trechos, chamados **rubricas**, têm uma função especial. Qual é ela?

____

____

8. A linguagem usada nos diálogos normalmente é adequada ao perfil das personagens e ao contexto. Que variedade linguística predomina no diálogo entre o padre e a moça, no texto lido?

____

____

9. Quando um texto teatral é lido, o leitor é o interlocutor da história vivida pelas personagens. Quando ele é encenado, quem é o interlocutor?

____

____

10. Reúna-se com os colegas de grupo e, juntos, concluam: Quais são as características básicas do texto teatral escrito? Respondam, levando em conta os critérios a seguir.

- finalidade do gênero:

____

____

- perfil dos interlocutores:

____

____

____

- suporte/veículo:

____

- tema:

____

- estrutura:

____

____

____

____

____

- linguagem:

____

____

____

Imagine a cena que você leu desenvolvendo-se em um palco. Haveria um cenário, que simularia a margem de um rio, e a conversa entre padre Bernardo e Branca não seria contada por um narrador, mas **mostrada** pelos atores, que, **representando** as personagens, se movimentariam e falariam.

Quando é encenado, o texto teatral exige outros elementos, como cenário, música, luz, figurino, maquiagem, gestos, movimento, etc.

No texto teatral escrito, esses elementos estão presentes nas **rubricas**, que aparecem em letras de tipo diferente (no texto em estudo, em itálico). As rubricas indicam como as personagens devem falar (rubricas de interpretação) e como devem se movimentar (rubricas de movimento) em cena, dando ao leitor informações sobre aquilo que, na representação, se vê no palco.

O diretor teatral pode levar à risca as indicações das rubricas, mas pode também ignorar algumas delas e tomar decisões diferentes sobre o figurino, a música e até sobre o texto, atualizando a peça para o seu tempo.

Quando a peça teatral é longa, ela é normalmente dividida em partes, chamadas **atos**. *O santo inquérito*, por exemplo, é uma peça em dois atos.

O santo inquérito e a Inquisição

No final da peça *O santo inquérito*, Branca acaba sendo levada à fogueira pela Inquisição. Padre Bernardo se apaixona pela moça e, para escapar ao que considera pecado, reúne sobre ela um conjunto de suspeitas e a denuncia como herege.

Para criar *O santo inquérito*, Dias Gomes se baseou em uma história da tradição oral da Paraíba.

Provavelmente Branca existiu, mas não se sabe ao certo como morreu. Nos autos de fé, em meados do século XVIII, em Lisboa, cerca de 40 mulheres brasileiras foram julgadas pela Inquisição.

Agora é a sua vez

Ao final desta unidade, você e seus colegas de classe vão participar de uma **Mostra de artes cênicas** a ser realizada na **Oficina de Criação**. Para isso, é necessário começar a produzir os textos que serão encenados por vocês.

Reúna-se com os colegas de grupo e, juntos, escolham uma das propostas de produção de texto teatral a seguir.

Proposta 1

O texto a seguir é uma crônica de humor de Carlos Eduardo Novaes. Leiam-na e adaptem-na para a linguagem teatral. Se quiserem, poderão acrescentar outras personagens e imaginar outras situações, mudar o desfecho, etc.

Cadeira do dentista

Fazia dois anos que eu não me sentava numa cadeira de dentista. Não que meus dentes estivessem por todo esse tempo sem reclamar um tratamento. Cheguei a marcar várias consultas, mas começava a suar frio folheando velhas revistas na antessala e me escafedia antes de ser atendido. Na única ocasião em que botei o pé no gabinete do odontólogo — tem uns seis meses —, quando ele me informou o preço do serviço, a dor transferiu-se do dente para o bolso.

— Não quero uma dentadura em ouro com incrustações em rubis e esmeraldas — esclareci —, só preciso tratar o canal.

— É esse o preço de um tratamento de canal!

— Tem certeza? O senhor não estará confundindo o meu canal com o do Panamá?

Adiei o tratamento. Tenho pavor de dentista. O mundo avançou nos últimos 30 anos, mas a Odontologia permanece uma atividade medieval. Para mim não faz diferença um "pau de arara" ou uma cadeira de dentista: é tudo instrumento de tortura.

Desta vez, porém, não tive como escapar. Os dentes do lado esquerdo já tinham se transformado em meros figurantes dentro da boca. Ao estourar o pré-molar do lado direito, fiquei restrito à linha de frente para mastigar maminhas e picanhas. Experiência que poderia ter dado certo, caso tivesse algum jeito para esquilo.

A enfermeira convocou-me na sala de espera. Acompanhei-a, após o sinal da cruz, e entramos os dois no gabinete do dentista, que, como personagem principal, só aparece depois do circo armado.

— Sente-se — disse ela, apontando para a cadeira.

— Sente-se a senhora — respondi com educada reverência —, ainda sou do tempo em que os cavalheiros ofereciam seus lugares às damas.

Minhas pernas tremiam. Ela tornou a apontar para a cadeira.

— O senhor é o paciente!

— Eu?? A senhora não quer aproveitar? Fazer uma obturaçãozinha, limpeza de tártaro? Fique à vontade. Sou muito paciente. Posso esperar aqui no banquinho.

O dentista surgiu com aquele ar triunfal de quem jamais teve cárie. Ah! Como adoraria vê-lo sentado na própria cadeira extraindo um siso incluso! Mal me acomodei e ele já estava curvado sobre a cadeira, empunhando dois miseráveis ferrinhos, louco para entrar em ação. Nem uma palavra de estímulo ou reconforto. Foi logo ordenando:

— Abra a boca.

Tentei, mas a boca não obedeceu aos meus comandos.

— Não vai doer nada!

— Todos dizem a mesma coisa — reagi. — Não acredito mais em vocês!

— Abra a boca! — insistiu ele. Abri a boca. Numa cadeira de dentista sinto-me tão frágil quanto um recruta diante do sargento do batalhão.

Ele enfiou um monte de coisas na minha boca e tocou o dente com um gancho.

— Tá doendo?

— Urgh argh hogli hugli.

Os dentistas são tipos curiosos. Enchem a boca da gente de algodão, plástico, secadores, ferros e depois desandam a fazer perguntas. Não sou daqueles que conseguem responder apenas movendo a cabeça. Para mim, a dor tem nuances, gradações que vão além dos limites de um sim-não.

— A anestesia vai impedir a dor — disse ele, armado com uma seringa.

— E eu vou impedir a anestesia — respondi duro segurando firme seu pulso.

Ele fez pressão para alcançar minha pobre gengiva. Permaneci segurando seu pulso. Ele apoiou o joelho no meu baixo ventre. Continuei resistindo, em posição defensiva. Ele subiu em cima de mim. Miserável! Gemi quase sem forças. Ele afastou a mão que agarrava seu pulso e desceu com a seringa. Lembrei-me de Indiana Jones e, num gesto rápido, desviei a cabeça. A agulha penetrou na poltrona. Peguei o esguichador de água e lancei-lhe um jato no rosto. Ele voltou com a seringa.

— Não pense que o senhor vai me anestesiar como anestesia qualquer um — disse, dando-lhe um tapa na mão.

A seringa voou longe e escorregou pelo assoalho. Corremos os dois para alcançá-la, caímos no chão, embolados, esticando os braços para ver quem pegava a seringa. Tapei-lhe o rosto com meu babador e cheguei antes. A situação se invertera: eu estava por cima.

— Agora sou eu quem dá as ordens — vociferei, rangendo os dentes. — Abra a boca!

— Mas... não há nada de errado com os meus dentes.

— A mim você não engana. Todo mundo tem problemas dentários. Por que só você iria ficar de fora? Vamos, abra essa boca!

— Não, não, não. Por favor — implorou. — Morro de medo de anestesia.

Era o que eu suspeitava. É fácil ser corajoso com a boca dos outros. Quero ver continuar dentista é na hora de abrir a própria boca. Levantei-me, joguei a seringa para o lado e disse-lhe, cheio de desprezo:

— Você não passa de um paciente!

(*A cadeira do dentista e outras crônicas*. São Paulo: Ática, 1994. p. 48-50.)

Brenda Bossato/
Arquivo da editora

Proposta 2

Há, a seguir, o início da peça *É*, de Maria Helena Kühner. Ele contém uma introdução com algumas dicas sobre figurinos, número de personagens, música, etc., mas deixa o diretor totalmente à vontade para criar.

Leiam o texto:

Bigodes, perucas, bonés, óculos, e outros adereços criados pelo brilhante figurinista a ser chamado e... está feita a peça com **4 atores fazendo muitos personagens**, com a indispensável colaboração da iluminação (!), da cenografia e da música.

É... um desafio ao imaginoso Diretor.

Ainda no escuro, um *<u>oooooonnnnn!</u>* *anuncia um carro de polícia passando. Luz fraca marca um garoto que entra correndo:*

LUÍS — Ih! Um carro de polícia a toda! Será que vão pegar ladrão?

Luz abrindo um pouco mais. Com ela sobe outro som agudo — o *<u>liru liru</u>* *de um carro de bombeiros — e entra uma garota correndo pelo outro lado, olha à distância:*

ALINDE — Nossa! Um monte de bombeiros! Onde é que é o incêndio?

LUÍS — Não sei. Não estou vendo!

Mais um garoto chegando; e com ele o som de ambulância, que aumenta o rebuliço geral.

FELIPE — Viram a ambulância? Será que é um acidente?

ALINDE — Não, acho que não é acidente...

LUÍS — Mas tá começando a juntar gente.

Sabe como, Sr. Diretor? Ora, silhuetas de bustos, armadas sobre rodas malucas... de costas para a plateia. Zum-zum de falatório cresce em fundo.

Garotos à boca de cena:

FELIPE — O que será que está acontecendo?

ALINDE — Não sei.

LUÍS — Ninguém sabe.

FELIPE — Vamos ver!

Mas, antes que saiam, entra alguém, sempre em corrida, e fica a olhar para o mesmo ponto atrás (ainda invisível ao espectador): é um soldadinho de farda, bibico na cabeça, que tira ao se deter para olhar:

SOLDADO (*Susto*) — IH!... Vou falar com meu superior.

Sai correndo, empurrando e deslocando as "pessoas" paradas à frente; garotos o seguem com os olhos.

ALINDE — O que será que deu nele?

Mal se perguntam e se movem, curiosos, um apito e já entra por outro ponto o Capitão (o mesmo soldado, é claro, mas agora com "dragonas" e quepe):

CAPITÃO — (*Susto, espanto*) — OOH! Vou fa-fa-lar com meu su-superior!

Sai apitando, aos tropeços sobre as silhuetas, que lhe dão passagem.

LUÍS — Que pressa! Sai até empurrando todo mundo!

Toque de corneta. As silhuetas se afastam (ou melhor, são afastadas, já que as rodas malucas são para isso mesmo) e surge, em destaque, figura com grande pelerine e imenso quepe com um emblemão dourado (o soldado-capitão promovido por nós a General...)

FELIPE — Olha a pose daquele! Vem todo pisando duro!

ALINDE — Parou! Que pose!

GENERAL — AHN?!

LUÍS — Ih! A pose caiu!

Endireita o quepe, encolhe o corpo, estica de novo, até ficar que nem um poste.

Os garotos agora zanzam em volta dele, sem entender.

ALINDE — Que foi que houve?

FELIPE — Que é que o sr. viu?

LUÍS — Pra levar esse susto todo deve ser...

Mas se calam ao deparar com o que agora surge — luz destacando, ao fundo, no ponto para onde todas as silhuetas olham: rachando o muro de tijolos ao fundo, se destaca no fundo da cena um imenso

É

[...]

(*Teatro para crianças e jovens*. Rio de Janeiro: Vertente Cultural, 2011. p. 153-154.)

Afinal, o que estaria acontecendo, a ponto de mobilizar as forças de segurança e de saúde da cidade? O que se destaca ao fundo da cena, que chega a rachar o muro de tijolos?

Deem continuidade à peça, criando mais algumas cenas, apresentando o conflito da história, desenvolvendo-o e criando o desfecho.

Proposta 3

Elaborem livremente um texto teatral para ser encenado. Imaginem o lugar, a época, as personagens e os fatos. Depois, comecem a escrever os diálogos com base na interação das personagens, procurando desenvolver uma história com os elementos básicos da narrativa.

Planejamento do texto

Qualquer que seja a proposta escolhida, sigam estas orientações:

- Se quiserem, organizem a sequência da história em partes ou em cenas.
- Lembrem-se: o texto teatral narra uma história por meio dos diálogos e das ações das personagens. Tenham clareza da história que pretendem contar: quem são as personagens e em que situação elas se encontram, qual é o conflito que se coloca para elas, como o conflito é resolvido, qual será o desfecho.
- Nas rubricas iniciais, descrevam como devem ser o cenário e o figurino das personagens.
- Coloquem o nome das personagens antes das falas e procurem dar ao diálogo um dinamismo que mostre o clima da situação em que estão as personagens.
- Empreguem conscientemente os vocativos, de forma que eles contribuam para explicitar as relações entre as personagens.
- Insiram nas rubricas de movimento e de interpretação informações que tornem engraçados ou tristes alguns momentos da cena.
- Estejam atentos à linguagem das personagens, procurando fazer uso da variedade linguística mais adequada a cada uma delas.
- O desfecho pode se dar por meio de um fato inesperado ou de uma revelação. Pode ser engraçado, reflexivo, trágico.
- Concluído o texto, deem um nome a ele.

Revisão e reescrita

Antes de passarem o texto a limpo, releiam-no, observando:

- se o diálogo mostra o desenvolvimento das ações e seu desfecho;
- se há indicação de cenário e se as rubricas de movimento e de interpretação estão indicadas com letras de tipo diferente;
- se a linguagem está adequada às personagens e ao contexto;
- se as rubricas estão claras quanto ao cenário, ao figurino, à iluminação, à sonoplastia e à movimentação das personagens;
- se os diálogos e as ações se desenvolvem com naturalidade no palco.

Para escrever com adequação

A pontuação

Releia este trecho da crônica "A cadeira do dentista", que você leu nas propostas de produção textual deste capítulo:

"— Abra a boca.

Tentei, mas a boca não obedeceu aos meus comandos.

— Não vai doer nada!

— Todos dizem a mesma coisa — reagi. — Não acredito mais em vocês!

— Abra a boca! — insistiu ele. Abri a boca. Numa cadeira de dentista sinto-me tão frágil quanto um recruta diante do sargento do batalhão.

Ele enfiou um monte de coisas na minha boca e tocou o dente com um gancho.

— Tá doendo?

— Urgh argh hogli hugli.

Os dentistas são tipos curiosos. Enchem a boca da gente de algodão, plástico, secadores, ferros e depois desandam a fazer perguntas. Não sou daqueles que conseguem responder apenas movendo a cabeça. Para mim, a dor tem nuances, gradações que vão além dos limites de um sim-não."

Brenda Bossato/Arquivo da editora

1. Observe os sinais de pontuação que introduzem e delimitam as falas das personagens no texto.

a) Qual é o sinal que introduz a fala das personagens?

____

b) O que explica a presença de três sinais desse tipo na frase "— Todos dizem a mesma coisa — reagi. — Não acredito mais em vocês!"?

____

____

2. O ponto de exclamação foi empregado duas vezes no texto: um na fala do dentista e outro, na fala do paciente. O que justifica seu emprego?

____

____

3. Observe o emprego da vírgula nesta frase:

"Tentei, mas a boca não obedeceu aos meus comandos."

a) Substitua a conjunção **mas** por outras com o mesmo sentido, como **porém**, **entretanto** ou **contudo**. A vírgula seria mantida?

____

b) Troque ideias com os colegas e o professor e conclua: O que justifica o emprego da vírgula antes da conjunção **mas**?

______

______

4. Observe, agora, este trecho do texto:

"Os dentistas são tipos curiosos. Enchem a boca da gente de algodão, plástico, secadores, ferros e depois desandam a fazer perguntas."

a) O que justifica o emprego da vírgula antes dos substantivos **plástico**, **secadores** e **ferros**?

______

______

b) Por que não foi empregada a vírgula antes da conjunção **e**?

______

______

______

______

c) Que outra frase do texto apresenta um caso semelhante de ausência de vírgula antes da conjunção **e**?

______

5. Às vezes, o autor de um texto pode optar entre escrever frases curtas e, obviamente, empregar o ponto para concluir cada uma ou escrever frases longas, com o auxílio de conjunções, para fazer as conexões entre as partes. Observe novamente o trecho do texto destacado na questão 4. Ele é formado por duas frases.

a) Caso o autor optasse por unir as duas frases, que conjunção poderia utilizar para fazer a conexão entre elas?

______

b) Deveria ser empregado algum sinal de pontuação antes da conjunção? Se sim, qual?

______

______

Nos exercícios anteriores, você observou alguns casos de emprego do travessão, do ponto de exclamação, do ponto e das vírgulas.

A pontuação tem um papel fundamental na organização das ideias do texto, tornando-as mais precisas. Além disso, contribui para que o texto ganhe mais expressividade, mais fluência na leitura e maior clareza de ideias.

Neste capítulo, você vai conhecer ou revisar alguns casos essenciais de emprego da vírgula.

Exercícios

Leia esta história em quadrinhos de Ziraldo:

(*Curta o Menino Maluquinho... em histórias rapidinhas*. São Paulo: Globo, 2006. p. 35.)

1. Leia o boxe ao lado e responda: O que justifica o emprego da vírgula antes da palavra **pai** no primeiro e no último quadrinho?

Emprega-se vírgula:

- para isolar o aposto e o vocativo:

  Ana, quero lhe apresentar o Pedro, **meu namorado**.
  (Ana: vocativo; meu namorado: aposto)

- para separar termos que exercem a mesma função sintática:

  Comprei **balas**, **pirulitos**, **chicletes** e **bombons**.
  (objeto direto)

- para indicar a supressão de uma palavra (geralmente um verbo) ou um grupo de palavras:

  Nós gostamos de dançar; vocês, de viajar.

Lembre-se: Não se separam por vírgula: o sujeito de seu predicado e o verbo de seus complementos.

2. As falas do Menino Maluquinho, no 2º, no 3º, no 4º e no 5º quadrinhos terminam sempre com reticências.

a) Que efeito de sentido se busca ao empregar as reticências?

____

____

b) Que outro sinal de pontuação poderia ser empregado em lugar das reticências? O que justificaria essa escolha?

____

____

____

____

3. A tira recebe o título de "Domingo de pai". Como você resumiria um domingo de pai, tendo o Menino Maluquinho como filho?

____

4. Pontue as frases, empregando apenas vírgula:

a) Sabe dizer vizinho se o caminhão do lixo já passou?

b) O técnico cumprimentou todos os jogadores do time titulares e reservas.

c) A propriedade é ampla bem-cuidada e muito produtiva. Há laranjeiras mangueiras árvores ornamentais e extensa plantação de café.

d) Organizar uma festa minha cara não é tão simples.

e) As meninas jogaram basquete; os meninos vôlei.

f) Ana o novo aluno de nossa classe o Carlos veio do interior.

5. Empregando vírgula, pontue adequadamente as frases:

a) Depois de alguns dias de ansiedade o carteiro entregou-lhe a encomenda que tanto esperava.

b) Com muito estudo e determinação os meninos alcançaram seu objetivo ou seja foram aprovados no exame.

c) Edu procurou convencer a namorada usando quatro ou cinco palavras que conhecia isto é todo o seu vocabulário.

Emprega-se vírgula:

- para isolar expressões explicativas (isto é, por exemplo, ou seja):
  Quero que você entregue isso agora, **ou melhor**, depois do almoço.
- para isolar adjuntos adverbiais e conjunções:
  (adj. adverbial: Na reunião de pais e mestres; conjunção: porém)
  Na reunião de pais e mestres, **porém**, ninguém se manifestou.
- para isolar nome de lugar anteposto à data:
  Recife, 17 de janeiro de 2020.

d) Ana fez uma bela exposição de sua pesquisa; exigiu contudo que o grupo se esforçasse mais no próximo trabalho.

e) Por favor entregue o documento na residência do senhor Manuel ou melhor a ele mesmo.

f) Quer dizer que você então pretende estudar Direito?

g) Todos reclamavam muito; na frente do professor porém ninguém se manifestou.

h) Naquele tempo o salário mensal durava uma semana.

6. No texto verbal do anúncio a seguir, foram eliminadas propositalmente todas as vírgulas. Leia o anúncio e pontue o texto verbal adequadamente.

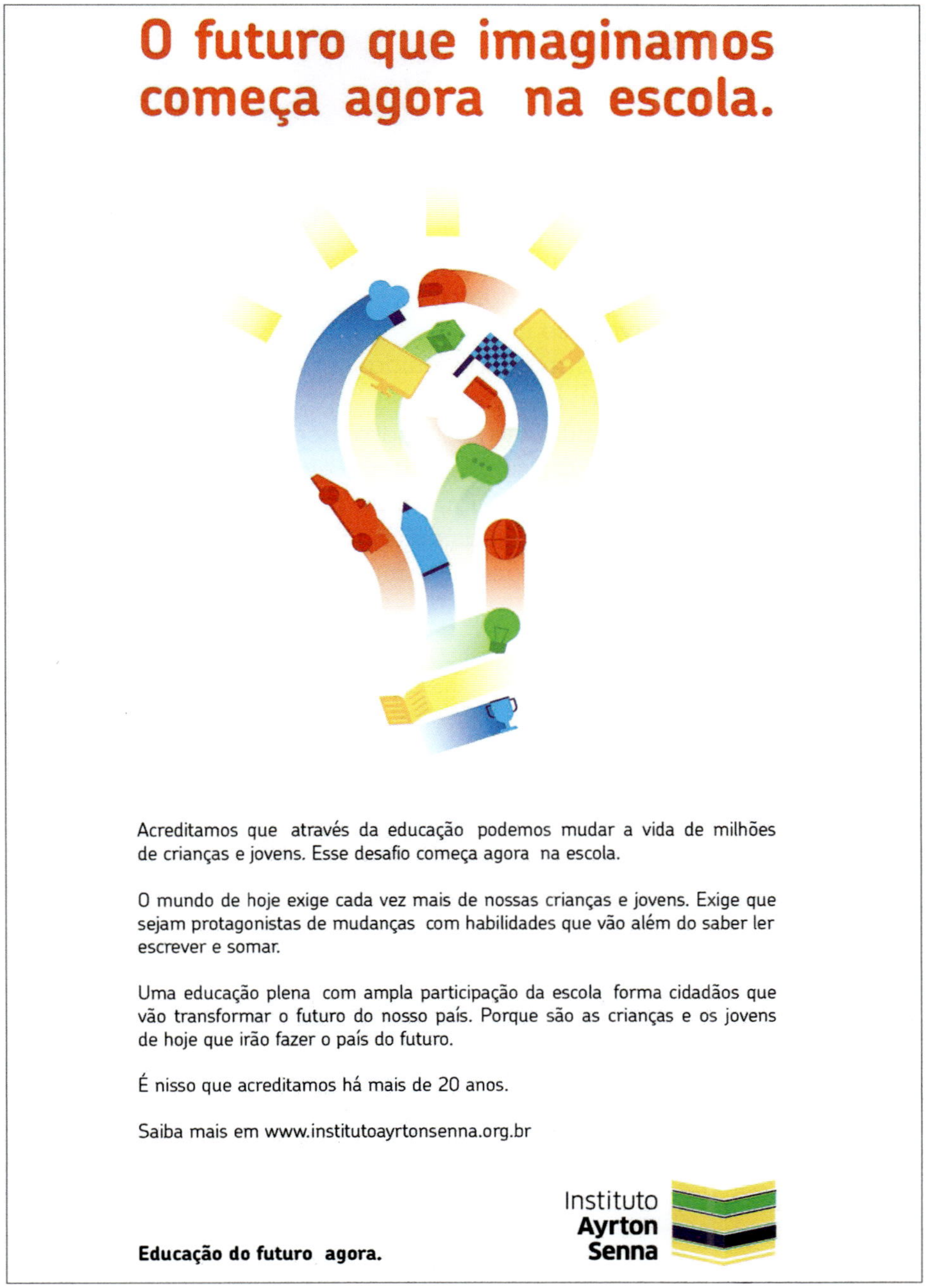

(Revista *Serafina*, abril 2015.)

7. **Desafio:** Todos os sinais de pontuação do texto a seguir foram propositalmente eliminados. Também foram modificadas as letras iniciais maiúsculas internamente a cada parágrafo. Junte-se a um ou dois colegas e discutam que sinais de pontuação devem ser empregados para que o texto tenha clareza e coerência de ideias. Depois, apresentem suas respostas aos colegas dos outros grupos e ao professor.

Dicas:

- Entre os sinais que vocês poderão empregar, estão: ponto, dois-pontos, vírgula, ponto de interrogação e travessão.
- Em alguns casos, há mais de uma opção. Escolham aquela que julgarem mais coerente com o sentido do texto.

Como nasceram as estrelas

Daniel Zeppo/Arquivo da editora

Pois é todo mundo pensa que sempre houve no mundo estrelas pisca-pisca mas é erro antes os índios olhavam de noite para o céu escuro e bem escuro estava esse céu um negror vou contar a história singela do nascimento das estrelas.

Era uma vez no mês de janeiro muitos índios e ativos caçavam pescavam guerreavam mas nas tabas não faziam coisa alguma deitavam-se nas redes e dormiam roncando e a comida só as mulheres cuidavam do preparo dela para terem todos o que comer.

Uma vez elas notaram que faltava milho no cesto para moer que fizeram as valentes mulheres o seguinte sem medo enfurnaram-se nas matas sob um gostoso sol amarelo as árvores rebrilhavam verdes e embaixo delas havia sombra e água fresca quando saíam de debaixo das copas encontravam o calor bebiam no reino das águas dos riachos buliçosos mas sempre procurando milho porque a fome era daquelas que as faziam comer folhas de árvores mas só encontravam espigazinhas murchas e sem graça.

[...]

(Clarice Lispector. *Doze lendas brasileiras*: como nasceram as estrelas. Rio de Janeiro: Rocco, 2014. p. 10-11.)

CAPÍTULO 2

O TEXTO TEATRAL: LEITURA DRAMÁTICA

O gênero em foco

O texto que você vai ler a seguir é parte da peça *Muitas luas*, de Tatiana Belinky, inspirada num conto do cartunista e escritor norte-americano James Grover Thurber.

Leia-o:

Muitas luas

[...]

(Cenário — É duplo, dividido por um tabique ou biombo. De um lado, a sala do trono do rei, do outro, a alcova da princesa, com cama de dossel. Os dois ambientes têm janelas ao fundo, através das quais se vê o céu e a Lua. Na frente da janela da princesa, há uma árvore frondosa. A ação se passa ora num ambiente, ora noutro. Durante a ação, o lado que não estiver funcionando ficará escurecido.

(O bobo aparece diante do pano fechado, sobre o qual podem estar pregados alguns elementos, indicando uma rua antiga, e toca algumas notas alegres na sua flautinha, para chamar a atenção da plateia. Conseguindo o silêncio, ele se dirige ao público, com atitudes e gestos largos, meio de dança ou pantomima de Alerquim.)

BOBO — Atenção, atenção, povo da praça! Eu sou o bobo do rei e estou aqui para lhes contar o caso mais extraordinário que aconteceu neste reino, que foi o caso da nossa bem-amada princesinha que... mas esperem só para ver como é que a coisa aconteceu.

(Bobo faz um gesto e o pano se abre, mostrando o lado que representa a sala do trono, iluminado. O rei está sentado no trono, iluminado. O rei está sentado no trono, assinando com uma grande pena de ganso um pergaminho que o ministro segura diante dele. O ministro tem vários outros rolos de pergaminho debaixo do braço. O bobo entra em cena e fica fazendo caretas, imitando o rei e o ministro, voltado para o público.)

REI (*acaba de pôr o jamegão, suspira*) — Decretos e mais decretos. Já estou com a mão cansada de tanto assinar decretos. Faltam muitos, meu bom ministro?

MINISTRO (*cerimonioso*) — Decreto, não falta mais nenhum, Vossa Majestade. Só falta uma proclamação.

REI — Proclamação, que proclamação?

MINISTRO — A proclamação procurando uma nova doceira para a nova confeitaria do palácio, Vossa Majestade.

REI (*ilumina-se*) — Ah, sim! A doceira nova para fazer sobremesas novas para a minha filha bem-amada!

BOBO (*que lambeu os beiços assim que se falou em doces, pula diante do rei*) — Uma doceira nova para Sua Alteza a princesa! Doces novos e bolos novos, novas tortas e pastéis, quitutes e guloseimas para Sua Alteza a princesinha: e novas migalhas deliciosas para a boca do bobo, que sou eu!

MINISTRO (*que enrolou o decreto e desenrolou a proclamação*) — Pronto, Vossa Majestade, só falta assinar esta proclamação.

REI (*lendo*) — Sua Majestade o rei... humhumhum... procura uma doceira ou doceiro exímio que tenha novas receitas de sobremesas... Para regiamente... humhumhum...

BOBO (*dançando diante do rei e lambendo os beiços*) — Assina, meu reizinho... assina depressa que a princesinha real não gosta de esperar...

jamegão: assinatura, firma.
pantomima: gestos, expressões faciais e movimentos.
vênia: saudação respeitosa, mesura.

REI (*sorrindo*) — Que é isso, meu bobo! Tu sabes muito bem que nunca fiz minha filha esperar por nada...

BOBO — Eu sei, eu sei, eu sei! O rei manda em todos nós, mas a princesa real manda no rei, hehehe!

MINISTRO (*escandalizado*) — Cala-te, bobo atrevido!

BOBO (*sempre com trejeitos e caretas, como arlequim*) — Eu não sou ministro, não preciso me calar, sou o bobo do rei, e o bobo pode falar o que o ministro não pode, hehehe! É a vantagem de ser bobo!

REI (*sorrindo*) — É isso mesmo... mas não passes da conta, bobo! (*assina*) — Pronto, está assinada a proclamação, meu bom ministro.

BOBO — Pode ir andando, "meu bom ministro"!

(*O ministro levanta o nariz, enfezado, e sai pisando solene, após fazer uma vênia para o rei.*)

MINISTRO — Com licença, Vossa Majestade...

(*Ministro sai, e o bobo acompanha o ritmo dos passos dele, com sopradas na flauta ou na gaita.*)

REI (*rindo*) — Ele caminha assim mesmo! Mas que tu és mesmo atrevido, meu bobo, quanto a isso não há dúvida!

BOBO (*reverência exagerada*) — Vossa Majestade me confunde com tão honroso título! Posso usá-lo daqui por diante, Vossa Majestade?

REI — Usar o quê?

BOBO — O novo título com que Vossa Majestade acaba de me agraciar!

REI — Título? Que título, bobo?

BOBO — Atrevido!

REI (*espantado*) — O quê? Tu me chamaste de atrevido?

BOBO — Não! Tu é que me chamaste de atrevido, Vossa Majestade! Este é o meu novo título: "Atrevido, o bobo do rei". Ou será que fica melhor "O bobo do rei, Atrevido"?

REI — Tu és mesmo impossível, bobo!

BOBO (*nova reverência*) — Obrigado, Vossa Majestade.

[...]

(*Teatro para a juventude*. São Paulo: IBEP, 2013. p. 84-89.)

Brenda Bossato/Arquivo da editora

1. O texto se inicia com uma longa rubrica, que se divide em duas partes. Qual é a função de cada uma delas?

____

____

____

____

____

____

____

____

Quem é Tatiana Belinky?

Tatiana Belinky nasceu em São Petersburgo, na Rússia, em 1919. Com 10 anos, veio para o Brasil, instalando-se em São Paulo, onde viveu e morreu, em 2013.

Começou a escrever peças teatrais, adaptações e traduções em 1948 e, desde então, desenvolveu uma ampla carreira como escritora.

Escreveu programas infantis para a televisão e chegou a publicar mais de uma centena de livros, entre eles *Coral dos bichos*, *Limeriques*, *O grande rabanete*, *Diversos russos* e *Limeriques das coisas boas*.

Victor Moriyama/Folhapress

2. Em sua primeira fala, o Bobo se dirige ao público chamando-o de "povo da praça" e diz que vai contar o caso mais extraordinário que aconteceu naquele reino.

a) Imaginando o texto encenado, com que finalidade o público é chamado de "povo da praça"?

____

____

b) Que efeito tem sobre o público anunciar, logo de início, que o caso a ser contado é o mais extraordinário que ocorreu na corte?

____

____

c) Além de divertir o público e trazer leveza ao texto, que outro papel tem o Bobo na peça?

____

3. Depois da fala do Bobo, abre-se o pano e a sala do trono é iluminada. A cena mostrada:

( ) aconteceu antes da fala do Bobo.

( ) acontece no mesmo momento em que o Bobo está falando.

( ) acontece logo depois da fala do Bobo.

4. Na cena, o rei está despachando com seu ministro. Entre os documentos que assina, está a proclamação para a contratação de uma nova doceira.

a) Qual é a finalidade dessa contratação?

____

____

b) O que isso revela sobre a relação do rei com a filha?

c) Por que o Bobo demonstra ter interesse nessa contratação?

5. O Bobo fala coisas que incomodam o ministro e que poucos poderiam dizer na corte.

a) O que o Bobo diz ao rei que o ministro não ousaria dizer?

b) O que lhe permite essa liberdade?

c) O rei parece estar incomodado com o atrevimento do Bobo? Por quê?

6. Observe a linguagem empregada no texto.

a) O que justifica o emprego do pronome de tratamento **Vossa Majestade** no contexto?

b) Como a linguagem em geral se caracteriza? Ela é adequada às personagens e à situação? Justifique sua resposta.

Leitura dramática: entre o texto literário e a encenação

Antes de ser levado ao palco, um texto teatral passa, necessariamente, por uma **leitura dramática**, ou dramatizada, que consiste em uma leitura feita pelo grupo de atores que vão atuar na peça.

Portanto, ela é uma espécie de encenação, porém sem a plena ação corporal dos atores, que buscam se aproximar e se apropriar das personagens, dando a entonação, o ritmo, a intenção e a pausa adequados.

Para que a leitura dramática seja bem-feita, é necessário que os atores tenham entendido bem o texto e resolvido dificuldades quanto à compreensão e à pronúncia de algumas palavras. Além disso, é preciso ler várias vezes o mesmo texto, até que os diálogos fluam com naturalidade e os atores comecem a "ver" a peça sendo representada no palco.

adamkaz/E+/Getty Images

Exercício

Forme um grupo com mais dois colegas da classe para fazer a leitura dramática do texto *Muitas luas*, estudado neste capítulo. Sigam estas orientações:

1. Cada aluno deve fazer o papel de uma das personagens: o rei, o ministro e o bobo. Para isso, deve ler, individualmente, o texto pelo menos uma vez.

2. Façam, em grupo, uma segunda leitura do texto. Em voz alta, cada aluno lê as falas de uma das personagens procurando ter uma compreensão mais ampla do texto e um domínio maior da história.

3. A partir da terceira leitura, comecem a buscar a representação, isto é, comecem a transformar a leitura em ação. Lembrem-se: o ator é um fingidor, alguém que cria ilusões.

a) Para realizar uma boa interpretação, analisem e debatam o comportamento psicológico de cada personagem: quais são seus desejos; que fatos ou outras personagens se contrapõem à realização deles; como ela reage; etc.

b) Em seguida, cada um deve buscar a melhor forma de interpretar sua personagem.

c) Considerem a pontuação do texto e as rubricas de interpretação.

d) Não deixem cair a entonação no final das frases. Observem como falam os locutores de rádio e televisão e procurem imitá-los.

e) Se julgarem necessário, marquem o texto com pausas para respiração e destaquem os verbos das frases para dar um apoio maior à inflexão da voz.

f) Para ajudar no volume da voz, imaginem — como fazem no meio teatral — que na última fileira do teatro há uma pessoa que escuta pouco e que vocês devem representar para ela.

4. Depois que cada um dos componentes do grupo tiver encontrado a expressão própria de sua personagem e os diálogos fluírem com naturalidade, façam uma gravação da leitura apenas em áudio. Depois, ouçam a gravação e aprimorem a leitura, se necessário.

5. Com a orientação do professor, apresentem a leitura dramática à classe.

Agora é a sua vez

Como você sabe, ao final desta unidade, você vai participar com os colegas de uma mostra de teatro proposta no capítulo **Oficina de Criação**. Para isso, é necessário dar continuidade aos trabalhos de produção de texto teatral.

Há, a seguir, duas propostas de continuidade da peça *Muitas luas*. A primeira é livre e a segunda, orientada. Reúnam-se com os colegas de grupo, escolham uma delas e desenvolvam-na.

Proposta 1

Imagine os fatos que poderiam ocorrer durante e depois da contratação da nova doceira. Quais seriam os caprichos da princesa? Como a doceira contratada vai se sair? Que papel vai ter o Bobo nesse processo? E o rei? O ministro voltará a ter alguma participação? Que outras personagens poderiam fazer parte da peça? Que outros fatos poderiam fazer parte do enredo?

Deem continuidade à peça, buscando manter o tom leve e divertido do texto original. Se quiserem, escolham outro nome para a peça, mais coerente com a nova história.

Proposta 2

Deem continuidade à peça *Muitas luas*, inserindo os fatos que ocorrem no enredo original. Criem as falas das personagens de acordo com esta sequência de fatos:

- A princesa adora doces e come demais, por isso adoece.
- O médico é chamado, atesta uma indigestão e receita alguns remédios, mas ela se nega a tomá-los.
- Desesperado, o rei diz à princesa que, se ela tomar os remédios, ele lhe dará qualquer coisa como recompensa. Ela, então, lhe pede a Lua.
- O rei chama os sábios do palácio, como o ministro e o astrônomo, mas eles julgam que essa missão é impossível pelo fato de a Lua estar muito distante, ser muito grande, etc.
- O bobo, então, tem uma ideia: perguntar à princesa como, na opinião dela, é a Lua. Ela responde que a Lua é pequena (pois é assim que a vê) e de ouro.
- O bobo pede a um ourives que faça uma lua com essas características. Depois, entrega-a à menina, que fica satisfeita com o resultado.
- O rei, entretanto, fica preocupado porque não sabe o que fazer quando a Lua aparecer no céu, à noite.
- Os sábios, mais uma vez, não conseguem resolver o problema. À noite, quando a Lua aparece, o bobo pergunta à princesa como ela explica o fato de haver uma lua em seu poder e outra no céu. A princesa responde que isso é natural: da mesma forma que cai um dente e outro nasce, ou o Sol se põe em um dia e outro nasce no dia seguinte, depois que o bobo lhe trouxe a lua de ouro, que ela tinha em mãos, nasceu uma nova Lua no céu.
- E, assim, todos ficaram felizes.

Planejamento do texto

Sigam as orientações didáticas dadas no capítulo anterior, página 122, para a produção do texto teatral. Lembrem-se de incluir as rubricas para indicar aspectos relacionados com o cenário, o figurino, a iluminação, a sonoplastia, a movimentação, a expressão dos atores, etc. A linguagem das personagens deve estar de acordo com o perfil de cada uma delas.

Revisão e reescrita

Revisem o texto que elaboraram, seguindo as orientações apresentadas na página 122.

Leitura dramática

Concluído o texto, façam, em grupo, a leitura dramática dele, seguindo as orientações dadas neste capítulo. Quando a leitura estiver boa, gravem-na e ouçam-na, a fim de aprimorá-la. Por fim, com a orientação do professor, apresentem a leitura dramática à classe.

CAPÍTULO

3 A RESENHA

O gênero em foco

Leia a resenha a seguir.

Os pecados de O SANTO INQUÉRITO

Por Revista Osíris (Marco Vasques / Rubens da Cunha)

Dias Gomes é um dos nossos grandes dramaturgos. Tem no repertório inúmeras peças, das quais destacamos O Pagador de Promessas, As Primícias e, claro, O Santo Inquérito, que foi escrita em 1966. Existe um debate histórico sobre a existência ou não de Branca Dias, a personagem central da peça O Santo Inquérito, que esteve em cartaz, neste último final de semana, no teatro da UBRO, com direção de Marcello Serra. Embora esteja ambientada no século XVIII, é óbvio que Dias Gomes está fazendo nítida alegoria à Ditadura Militar então implantada a fórceps no Brasil. Portanto, pode-se deduzir que Branca Dias metaforiza uma multidão de gente mutilada, sumida e esmagada pelo autoritarismo, seja ele o religioso, o político ou o familiar de todas as épocas, de todos os tempos.

Como um dos personagens mais famosos de Dias Gomes, o Zé do Burro, de O Pagador de Promessas, Branca Dias não vem da aristocracia ou da intelectualidade vigente, mas das camadas mais populares, que enfrentam a tirania com ingenuidade, não conseguindo ver que, por trás das ações dos poderosos, há sempre o intuito de manter o poder, de permanecer no cume das verdades estabelecidas. Branca Dias, a jovem acusada de heresia, apenas cumpre a sina que ainda viceja em muito na sociedade atual: ter seus direitos sequestrados, entrar numa espiral de acusações infundadas, não ser ouvida ou defendida.

Reprodução/TV Globo

Cena da minissérie *O pagador de promessas*, exibida em 1988.

A atualidade da peça está em conseguir ser uma leitura para a década de 1960 no Brasil, bem como para os tempos atuais em que "Pinheirinhos" e "Cracolândias" ganham cada vez mais vida. Dessa forma, Branca Dias representa o drama humano presente em nossas ditaduras veladas, sutis: as ditaduras brancas, branquíssimas em que vivemos, nas quais o sistema político mata sem matar com omissões grotescas.

A peça apresentada fez parte da programação do Verão Cultural, organizado pela Fundação Cultural de Florianópolis Franklin Cascaes. E aqui começam as perguntas: como uma instituição, que tem técnicos qualificados em teatro, comete o equívoco de inserir na sua programação um espetáculo tão ridiculamente primário? Como um diretor de teatro não percebe que todos os seus atores são menores que os personagens? Como não se avalia que nenhum ator está preparado para um texto tão denso e profundo? [...]

[...]

Clarice Lispector dizia que "escrever é uma pedra lançada no poço fundo". Cabe, portanto, ao leitor ir lá, encontrar a pedra na escuridão, na sua própria escuridão. É um trabalho difícil e complexo. Talvez por isso muitos dos realizadores teatrais, apressados que estão com a necessidade de "montar" a peça, esqueçam do mergulho sempre necessário no texto.

Outra questão que também levantamos muito é a de se insistir em colocar atores e atrizes inexperientes para viver personagens que são muito maiores do que eles. Na recente montagem, Marcello Serra quintuplica esse problema ao fazer com que Branca Dias seja interpretada por cinco atrizes, uma delas mal saindo da infância. Obviamente, a carga dramática exigida pela personagem se evaporou nos mesmos problemas de sempre: dicção problemática, gestual televisivo, incapacidade de pôr no corpo o desespero da personagem, cenas que eram para ser intensas, reveladoras da mesquinha condição humana, se tornam canhestras, imprecisas, risíveis.

As atrizes se esforçam, tentam por todo jeito arrancar de dentro delas Branca Dias, mas falta-lhes o preparo, o entendimento daquilo tudo; falta-lhes a vivência, a compreensão de que a vida é definitivamente mais embaixo do que seus desejos de "brincar de teatro". Nesse caso, a responsabilidade fica por conta do diretor e adaptador Marcello Serra e de sua assistente de direção Juliana Aguiar. Fica evidente a falta de recursos técnicos dos dois, que não conseguiram ler Dias Gomes, que não conseguiram entender o que está posto e que, provavelmente, não conseguiriam responder a nenhumas das questões que fizemos anteriormente.

[...] O que temos é um grupo que resolveu montar uma peça e para ter espaço em cena, divide-se a personagem principal, um pedacinho para cada atriz e pronto, está solucionado o problema. Isso sem falar na obviedade do figurino dos inquisidores: uma capa e narizes que levavam a ideia de ave de rapina, para mostrar como eles eram cruéis. O figurino escondia tudo: corpo e rosto das atrizes. Só não conseguiu esconder as suas nítidas deficiências.

Enfim, se Peter Brook e Artaud têm alguma razão em dizer que "teatro é vida" e "ato único", o que se fez no Teatro da Ubro, no último final de semana, foi inverter a lógica da poética teatral. E o que se vê são "crianças", que não têm culpa nenhuma, sendo levadas por uma direção irresponsável e medíocre. É verdade que Dias Gomes anda sumido dos nossos palcos e é preciso retomar sua dramaturgia combatente e de um humanismo ímpar. Porém, se é para fazer esse tipo de montagem superficial, destituído da força teatral proposta por Dias Gomes, é melhor deixá-lo quieto em seu canto. E ficar imaginando um diálogo entre Zé do Burro, Branca Dias e o aventureiro Quixote nos cantos das bibliotecas espalhadas Brasil afora. E a gente está farto de saber que é apenas uma montagem com estudantes, mas não podemos esquecer que isso não significa que tenha que ser feita de qualquer jeito. É bom lembrar, sempre, o quanto o teatro amador contribuiu para a profissionalização do Teatro Brasileiro.

(Disponível em: https://revistaosiris.wordpress.com/2012/01/31/os-pecados-de-o-santo-inquerito/. Acesso em: 28/2/2019.)

1. A resenha em estudo trata da peça teatral *O santo inquérito*, da qual você leu uma parte no capítulo 1 desta unidade.

a) Além de mencionar o texto de Dias Gomes, o texto aborda outra produção cultural relacionada a *O santo inquérito*. Qual é o objeto cultural alvo da resenha? Justifique sua resposta.

b) Qual é a opinião dos autores da resenha sobre o texto de Dias Gomes?

c) E qual é a opinião dos autores da resenha sobre a outra produção cultural?

2. Logo abaixo do título da resenha em estudo estão os nomes dos autores e o contexto de publicação. Levante hipóteses: Qual é a área de atuação profissional dos autores dessa resenha? Justifique sua resposta.

3. Ao abordar o tema da peça, os autores da resenha traçam um paralelo entre dois diferentes momentos da realidade histórica brasileira.

a) Quais são esses dois momentos?

b) O que há em comum, para eles, entre esses dois momentos históricos?

c) Qual é a relação desses momentos com o conteúdo da peça, segundo os autores da resenha?

4. No 4º parágrafo da resenha, os autores começam a abordar especificamente a recente montagem da peça de Dias Gomes, explicitando seu ponto de vista, e, ao final desse parágrafo, lançam uma série de perguntas.

a) Até esse momento da resenha, as avaliações feitas pelos autores eram positivas ou negativas? E, a partir desse parágrafo, as avaliações passam a ser positivas ou negativas?

b) É possível considerar que as perguntas marcam uma reviravolta argumentativa a partir desse ponto do texto. Justifique essa afirmação e indique qual frase do 4º parágrafo introduz essa reviravolta.

c) Identifique, nessas perguntas, palavras e expressões que marcam claramente o ponto de vista dos autores.

5. No título da resenha há uma palavra utilizada com duplo sentido.

a) Qual é essa palavra e quais são os dois sentidos possíveis, no contexto?

b) Explique por que é possível considerar que o ponto de vista dos autores da resenha já está contido no título.

6. É comum, em uma resenha, após serem feitas a descrição do objeto cultural e a avaliação de suas características, o autor recomendar ou não, de maneira direta ou indireta, o consumo desse objeto.

a) Quais aspectos do objeto cultural resenhado são salientados pelos autores da resenha lida?

b) Que recomendação os autores da resenha em estudo fazem sobre o objeto resenhado? Ela é direta ou indireta? Justifique sua resposta.

c) Troque ideias com seus colegas e o professor e levante hipóteses: Por que os autores optam por fazer a recomendação dessa forma?

7. Observe a linguagem empregada na resenha lida.

a) Em que tempo estão as formas verbais, predominantemente?

b) Em que pessoa verbal o texto foi escrito? Que efeitos de sentido esse uso constrói no texto?

c) Que variedade linguística foi empregada?

d) A linguagem é predominantemente formal ou informal? Justifique sua resposta com base no texto.

Resenhas na rede

Hoje em dia, é muito comum encontrarmos resenhas *on-line*, não apenas em formato de texto escrito, mas em formato de vídeo. Nesse ambiente digital, qualquer pessoa, e não apenas especialistas, pode expor sua avaliação sobre produtos culturais diversos.

Além disso, nas novas resenhas digitais não somente filmes, livros, jogos são alvo de resenhas, mas também outros objetos de consumo. Em uma busca na plataforma YouTube, é possível verificar que os *youtubers* têm intitulado de "resenhas" vídeos com críticas sobre produtos de beleza, cosméticos, eletrodomésticos, comestíveis, etc.

NiP STUDIO/Shutterstock

8. Reúna-se com os colegas de grupo e, juntos, concluam: Quais são as características básicas da resenha? Respondam levando em conta os critérios a seguir.

- finalidade do gênero:

  ____

  ____

- perfil dos interlocutores:

  ____

  ____

  ____

- suporte/veículo:

  ____

- tema:

  ____

- estrutura:

  ____

  ____

  ____

- linguagem:

  ____

  ____

  ____

Agora é a sua vez

Ao final desta unidade, você e seus colegas vão organizar uma mostra de teatro. Além dos textos teatrais a serem lidos e encenados, vocês também vão preparar resenhas para orientar o público sobre os textos produzidos por vocês.

Combinem com o professor a melhor forma de realizar as propostas que seguem.

Proposta 1

Como vocês viram nos capítulos anteriores, um texto teatral também pode ser publicado e distribuído ao grande público em formato de livro, para além da encenação da peça. Você vai assumir, portanto, o papel de resenhador de um texto teatral produzido por outros colegas no capítulo 1. Troquem os textos entre os grupos organizados por vocês, a fim de que os membros de um grupo resenhem uma peça escrita por outro grupo.

Proposta 2

Ouça, com toda a classe, as gravações das leituras dramatizadas feitas por vocês no capítulo 2. Em seguida, distribuam as gravações entre os alunos e produzam uma resenha crítica sobre a leitura dramatizada pela qual você tenha ficado responsável.

Transforme sua resenha escrita em uma resenha audiovisual

Para transformar uma resenha escrita em vídeo, não basta ler o texto escrito em frente a uma câmera. É importante que você faça adaptações no texto que produziu em formato escrito, a fim de que sua fala possa soar espontânea e agradável a seus espectadores. Além disso, você pode escolher um tom mais sério, mais cômico, mais poético, mais irônico, mais formal ou mais descontraído.

Escolha um cenário que se relacione ao objeto cultural alvo da sua resenha. Caso seja um conto ou um poema, você também pode ler trechos dele na resenha.

Lembre-se de saudar e cumprimentar o público no início do vídeo, assim como de se despedir dele ao encerrar a gravação.

Para lembrar todos esses pontos, convém preparar um roteiro para o vídeo.

Dicas para o roteiro e para a gravação

- Defina quais trechos da obra resenhada serão lidos e quanto você vai revelar sobre ela.
- Fale um pouco sobre o autor da obra.
- Planeje as maneiras de interagir com o público — cumprimentando, chamando a atenção, se despedindo — tendo em vista quem é o público-alvo da mostra de teatro que a classe montará na **Oficina de Criação**.
- Indique no roteiro a sequência das ações que você pretende realizar ao gravar o vídeo.
- Escolha cenários adequados e locais em que não haja barulho externo para garantir a qualidade do som do vídeo.
- Escolha um programa de edição de vídeo e áudio.
- Reveja a primeira versão do vídeo com atenção, observando o volume da voz, o posicionamento em frente à câmera, a iluminação e a correspondência com o roteiro. Se necessário, regrave algum trecho antes da edição final.

Proposta 3

Escolha um objeto cultural com o qual você tenha tomado contato recentemente ou que tenha conhecido há mais tempo, mas que, por algum motivo específico, tenha um significado especial para você. Produza uma resenha crítica que tome esse objeto como foco. Pode ser um livro, um filme, um seriado, uma peça de teatro ou qualquer outro produto cultural que você tenha em mente.

Planejamento do texto

- Defina o objeto que será foco da sua resenha.
- Planeje o tom que você pretende dar ao seu texto: se menos ou mais pessoal, menos ou mais formal.
- Leve em conta o perfil dos leitores: alunos, funcionários e professores da escola, familiares, amigos.
- Decida o ponto de vista que você vai adotar para abordar o objeto resenhado e planeje como pretende explorar isso no texto — por exemplo, se vai ser de maneira menos ou mais enfática.
- Fique atento ao gerenciamento das vozes citadas em seu texto. Para tanto, use aspas, verbos *dicendi*, nomes e sobrenomes das pessoas cujas falas são mencionadas.
- Faça a recomendação de forma direta ou indireta, tendo em vista o encaminhamento dado à argumentação.
- Selecione imagens relacionadas ao objeto resenhado para compor seu texto.
- Escreva em linguagem objetiva e clara, de acordo com a norma-padrão da língua.
- Dê um título atraente à resenha.

Thais Circelli/Arquivo da editora

Revisão e reescrita

Antes de finalizar a resenha, releia seu texto, observando:

- se está claro qual é o objeto resenhado;
- se o seu ponto de vista sobre o objeto resenhado também está claro;
- se você manteve o mesmo tom ao longo de todo o texto;
- se as citações e a reprodução de trechos de outros textos estão devidamente organizadas, sem confundir o leitor;
- se você fez uma recomendação, positiva ou negativa, sobre o objeto resenhado;
- se as imagens utilizadas estão relacionadas ao texto e ao seu conteúdo;
- se a linguagem está de acordo com a norma-padrão e com o perfil dos interlocutores;
- se o título é atraente.

Façam as alterações necessárias e deixem o texto pronto para compor a mostra teatral que o grupo organizará no final da unidade.

Gerenciamento de vozes

Na unidade 2 deste volume, você estudou alguns recursos utilizados para citar discursos de outras pessoas, especialmente em textos jornalísticos. Entre essas estratégias, estavam os usos de discurso direto e indireto, de verbos *dicendi*, de expressões de introdução de outras vozes. Administrar a citação de vozes de mais de uma pessoa em um texto é uma tarefa que requer atenção e certo cuidado; por isso, vamos compreender mais alguns pontos desse mecanismo linguístico nesta seção.

Reprodução/Coleção Particular

Clarice Lispector, escritora brasileira.

Alamy/Fotoarena

Peter Brook, diretor de teatro britânico.

Veja novamente dois trechos da resenha estudada neste capítulo:

> Clarice Lispector dizia que "escrever é uma pedra lançada no poço fundo". Cabe, portanto, ao leitor ir lá, encontrar a pedra na escuridão, na sua própria escuridão. É um trabalho difícil e complexo. Talvez por isso muito dos realizadores teatrais, apressados que estão com a necessidade de "montar" a peça, esqueçam do mergulho sempre necessário no texto.
>
> Enfim, se Peter Brook e Artaud têm alguma razão em dizer que "teatro é vida" e "ato único", o que se fez no Teatro da Ubro, no último final de semana, foi inverter a lógica da poética teatral. E o que se vê são "crianças", que não têm culpa nenhuma, sendo levadas por uma direção irresponsável e medíocre.

Album/Fotoarena

Antonin Artaud, dramaturgo, poeta e ator francês.

1. Algumas vozes são citadas pelos autores nesses dois trechos.

a) De quem são essas vozes?

____

____

b) Que recurso gráfico os autores da resenha utilizaram para marcar as citações do trecho?

____

c) Considerando o conteúdo da resenha, levante hipóteses: Por que os autores usaram aspas nas palavras **montar** e **crianças**?

____

____

____

2. Releia o primeiro trecho da resenha.

a) Que relação a conjunção **portanto** estabelece entre as frases conectadas por ela?

____

b) É possível determinar com precisão a quem deve ser atribuído o conteúdo da segunda frase? Justifique sua resposta.

____

____

____

3. Observe estas propostas de reescrita para a frase analisada na questão 2:

I. Caberia, portanto, ao leitor ir lá, encontrar a pedra na escuridão...
II. Disso concluímos que cabe, portanto, ao leitor ir lá, encontrar a pedra na escuridão...

Se inseridas na resenha, substituindo a versão original, a quem cada uma dessas duas construções atribui a ideia de que "cabe ao leitor ir lá, encontrar a pedra na escuridão"? Justifique sua resposta.

____

____

____

____

4. Agora releia a primeira frase do segundo trecho da resenha em estudo:

"Enfim, se Peter Brook e Artaud têm alguma razão em dizer que 'teatro é vida' e 'ato único', o que se fez no Teatro da Ubro, no último final de semana, foi inverter a lógica da poética teatral."

a) São mencionados dois autores no trecho, assim como são citadas duas falas. É possível saber a quem cada fala é atribuída? Justifique sua resposta.

____

b) Proponha uma reescrita para o trecho, utilizando a palavra **respectivamente** e supondo que cada uma das falas é atribuída a um dos autores citados.

____

____

c) Proponha uma reescrita para o trecho, utilizando a palavra **ambos** e supondo que as duas falas são atribuídas aos dois autores citados.

____

____

Ao fazer os exercícios anteriores, você percebeu que o mecanismo de gerenciamento de vozes é determinante na construção de sentidos do texto. A falta de clareza na atribuição das citações a seus respectivos autores ou a não marcação do responsável pelo conteúdo das frases de um texto pode causar ruídos e deixar o leitor sem meios para retomar as devidas referências no processo de leitura.

Entre os recursos mais utilizados para gerenciar vozes de um texto, e já estudados na unidade 2, estão as citações em discurso direto e em discurso indireto e o uso de aspas e de expressões de introdução da fala de outras pessoas.

Outros recursos que podem ser usados para o mesmo fim são:

- Articulação das formas verbais em 1ª pessoa para marcar explicitamente a voz do(s) autor(es) do texto, ou 3ª pessoa, para deixar o texto mais impessoal ou para introduzir a voz dos autores citados pelo(s) autor(es) do texto (como você viu na questão 3).
- Articulação das formas verbais no presente do indicativo para marcar a voz do(s) autor(es) do texto) ou no futuro do pretérito, indicando a voz dos autores citados pelo(s) autor(es) do texto (como você viu também na questão 3).
- Expressões que funcionam como marcadores linguísticos remissivos e anafóricos, entre elas: **respectivamente**, **respectivos**, **cada qual**, **este**, **aquele**, **ambos**, etc. (como você viu na questão 4).

Exercícios

Leia o texto a seguir.

Vídeo mostra como seria o mundo sem aplicativos, segundo a Apple

Para dar início à WWDC deste ano, a Apple exibiu um vídeo da sua visão de como seria o mundo sem aplicativos.

O vídeo mostra um novo funcionário da Apple que desconecta, sem querer, os servidores da App Store. Os aplicativos então param de funcionar e começam a desaparecer dos dispositivos das pessoas.

Depois disso, o mundo se torna um caos, com os motoristas perdidos sem os serviços de navegação, pessoas sem saber como compartilhar as selfies e fotos tiradas. Até surge um mercado negro da loja de aplicativos, onde são oferecidos CDs pela loja iTunes, doces no Candy Crush e cirurgiões plásticos que oferecem Face Swaps, do Snapchat.

Obviamente, o CEO Tim Cook explicou que esse cenário desastroso nunca poderia realmente acontecer, mas ainda assim mostra o quanto estamos cada vez mais dependentes dos aplicativos.

(Disponível em: https://olhardigital.com.br/noticia/video-mostra-como-seria-o-mundo-sem-aplicativos-segundo-a-apple/68819. Acesso em: 28/2/2019.)

1. Observe o título do texto.

a) De quem é a voz inserida por ele no texto? Que expressão é utilizada para marcar a autoria dessa voz?

____

____

b) Troque ideias com seus colegas e o professor e explique: Por que esse título é ambíguo, isto é, por que pode ser lido de duas formas? Quais são essas formas?

____

____

____

c) Deduza, pelo contexto: Qual das duas leituras mencionadas por você no item **b** é a correta? Justifique sua resposta.

____

____

d) Apenas alterando a ordem dos termos do título, proponha uma reescrita que mantenha o sentido do texto e elimine a ambiguidade.

____

____

2. O texto faz uso de uma citação em discurso indireto com verbo *dicendi*.

a) Identifique-a.

____

____

____

____

____

____

b) Reescreva-a, utilizando discurso direto.

____

____

____

____

____

____

Cienpies Design/Shutterstock

c) Que outros verbos *dicendi* poderiam ser utilizados nesse contexto, sem alterar substancialmente o sentido do texto?

____

____

3. Releia o trecho no qual o texto descreve o vídeo mencionado:

> "Depois disso, o mundo se torna um caos, com os motoristas perdidos sem os serviços de navegação, pessoas sem saber como compartilhar as selfies e fotos tiradas. Até surge um mercado negro da loja de aplicativos, onde são oferecidos CDs pela loja iTunes, doces no Candy Crush e cirurgiões plásticos que oferecem Face Swaps, do Snapchat."

a) Em que tempo estão as formas verbais nesse trecho?

____

b) De quem é a voz nesse trecho, isto é, a quem pode ser atribuído esse conteúdo?

____

c) Reescreva o trecho, inserindo a expressão "Segundo o vídeo da Apple" no começo e fazendo as devidas alterações no tempo das formas verbais.

____

____

____

____

____

____

____

d) Deduza: Por que foram necessárias as alterações nos tempos verbais feitas por você no item **c**?

____

____

____

____

____

____

Oficina de Criação

Projeto ▸ Mostra de artes cênicas

Participe com os colegas da realização de uma mostra de artes cênicas, com leituras dramáticas, apresentações teatrais e exposição de resenhas críticas.

Preparando a mostra

Com a orientação do professor, combine com os colegas o dia, o horário e o local da realização da mostra.

Discutam e escolham os meios para a divulgação do evento: redes sociais, *e-mails*, torpedos, cartazes, faixas, convites, etc.

Produzam os textos necessários para convidar os demais colegas da escola, professores, funcionários, familiares e amigos. Dividam as tarefas de divulgação do evento.

Hill Street Studios/Digital Vision/Getty Images

Ensaiando e planejando as leituras dramáticas e as encenações teatrais

Enquanto cuidam dos preparativos da mostra, realizem ensaios das leituras dramáticas ou da encenação que farão ao público.

Jupiterimages/Stockbyte/Getty Images

Planejem como será o cenário que vão utilizar: cada grupo poderá criar um cenário para a sua apresentação teatral, mas talvez também seja possível montar um cenário único para todas as apresentações.

Decidam sobre as trilhas sonoras a serem usadas no evento e providenciem o equipamento necessário.

Ao ensaiar, levem em conta estas outras orientações:

- Decorem as falas das personagens, cada um a da personagem que representará, imaginando as situações vividas por ela e a relação dela com as demais personagens.
- Observem as indicações dadas nas rubricas de movimento e de interpretação.
- Imaginem o cenário, de acordo com as indicações dadas sobre ele, e procurem visualizar o espaço que os atores terão para se movimentar.
- Logo que possível, incluam nos ensaios a sonoplastia (se ela estiver prevista), para que todos se familiarizem com a relação entre música e palavra.
- Nos ensaios, coloquem-se naturalmente no lugar das personagens e vivam-nas, ou seja, comecem a fazer teatro.
- Ensaiem quantas vezes forem necessárias.
- Façam o ensaio final com o texto bem-decorado, com figurino, cenário e sonoplastia.

Orientando o público

Disponham em paredes ou painéis as resenhas críticas que produziram, além de imagens e pôsteres relacionados ao teatro brasileiro ou universal.

Para as resenhas críticas das peças escritas por vocês, criem um catálogo de resenhas com o nome de cada resenha e dos seus autores. Permitam que os convidados folheiem esse catálogo logo na entrada da mostra, antes do início das apresentações. Assim, o público pode se orientar e saber o que será exibido com base nas informações encontradas nas resenhas.

Apresentando as leituras dramáticas e as encenações teatrais

Nesta unidade, vocês produziram vários textos teatrais, entre eles um inspirado na crônica de Carlos Eduardo Novaes e outro a partir da peça de Maria Helena Kühner. Além disso, deram continuidade ou criaram novos textos baseados na peça *Muitas luas*, de Tatiana Belinky.

Todos os grupos devem fazer a leitura dramática do texto que será apresentado, conforme as orientações vistas no capítulo 2 desta unidade.

Documentando a mostra

ju_see/Shutterstock

Elejam um colega para filmar e documentar toda a mostra, desde os preparativos para a confecção dos cartazes e dos convites e a preparação do local até a realização do evento.

Esse material poderá ser editado e se transformar em um documentário, e quem quiser poderá guardar uma cópia do filme como lembrança da mostra.

O espetáculo vai começar!

Escolham um colega para ser o mestre de cerimônias. É ele quem deve abrir a mostra, cumprimentar o público, anunciar o que vai ocorrer e quem são os participantes, fazer agradecimentos, etc. Se quiser, ele poderá se apresentar com uma roupa especial ou usar um chapéu e um lenço, por exemplo.

1. Resenhas críticas

O mestre de cerimônias poderá iniciar as apresentações fazendo um breve comentário a respeito das resenhas críticas escritas pelos alunos, explicando como elas foram produzidas e com qual objetivo e convidando o público para visitar os painéis depois das apresentações, a fim de confrontar a própria opinião com a avaliação feita nas resenhas.

2. Leituras dramáticas

Em seguida, o mestre de cerimônias inicia os trabalhos de leitura dramática, anunciando, um a um, os grupos que vão fazer as leituras dramáticas, citando o nome dos seus integrantes, o nome do texto que será apresentado e fazendo um breve comentário sobre como ele foi criado.

Alamy/Fotoarena

3. Encenações teatrais

Para fechar a mostra, chegou a hora de iniciar as encenações teatrais. O mestre de cerimônias deve proceder da mesma forma, apresentando cada grupo e comentando brevemente o que será visto pelo público.

4. A voz do público

Além dos esperados aplausos, vocês poderão fazer também uma breve discussão com os espectadores, perguntando o que eles acharam das apresentações, quais os aspectos positivos dessa experiência, como poderiam melhorar em outra oportunidade, etc.

UNIDADE

4

CIDADANIA

Manifestação

Aqui 'stamos na avenida,
Pelas ruas, pela vida,
Marchando com o cortejo
Que flui horizontalmente,
Manifestando o desejo
De uma cidade includente
E uma nação cidadã tra-
Duzido numa canção,
Numa sentença, num mantra,
Num grito ou numa oração...

[...]

E proclamamos que não
Se exclua nada nem ninguém
senão
A exclusão.

[...]

(Letra de Carlos Rennó. Disponível em: https://www1.folha.uol.com.br/ilustrissima/2018/05/veja-letra-de-cancao-inedita-gravada-por-chico-e-fernanda-montenegro.shtml. Acesso em: 27/2/2019.)

Nelson Antoine/Folhapress

Nome

Nº

Ano

Período

Data

Para a eventual escrita ou reescrita do texto, devem ser observados os seguintes aspectos:

Elementos linguísticos	Textualidade	Elementos enunciativos
escolha lexical	paragrafação	abordagem do tema
concordância verbal e concordância nominal	coerência textual	adequação ao gênero
regência verbal e regência nominal	coesão textual	intencionalidade do texto
colocação pronominal	informatividade	adequação ao perfil do interlocutor e ao contexto
pontuação	conectividade	estrutura padrão do gênero
ortografia, acentuação	continuidade e progressão textual	variedade linguística/norma-padrão
crase		formalidade/informalidade
pessoas do discurso		adequação ao suporte
clareza		desenvolvimento de ideias

Fique ligado! Pesquise!

Para você saber mais sobre cidadania, direitos e deveres sociais, sugerimos:

Reprodução/Copacabana Filmes

Filmes

- *Crianças invisíveis*, de Ridley Scott e outros diretores; *O dia de Jerusa*, de Viviane Ferreira; *Escritores da liberdade*, de Richard LaGravenese; *Pro dia nascer feliz*, de João Jardim; *Lição de vida*, de João Luiz Urbaneja; *Entre os muros da escola*, de Laurent Cantet; *Doutores da alegria*, de Mara Mourão; *Do luto à luta*, de Evaldo Mocarzel; *O urso de Kermode — A história de Simon Jackson*, de Stefan Scaini; *Ilha das flores*, de Jorge Furtado; *Waterworld — O segredo das águas*, de Kevin Reinolds; *Central do Brasil*, de Walter Salles; *A corrente do bem*, de Mimi Leder.

Livros

- *Basta de cidadania obscena!*, de Mario Sergio Cortella e Marcelo Tas (Papirus); *Cidadania explicada aos jovens... e aos outros*, de José Jorge Letria (Terramar); *Almanaque da cidadania*, de João Pedro Roriz (Paulus); *Juventude, violência e cidadania: os jovens de Brasília*, de Julio Jacobo Waiselfisz; *O que é Brasil*, de Roberto DaMata (Rocco); *Cidadania agora*, de Edson Gabriel Garcia (Saraiva); *Noção das coisas*, de Darcy Ribeiro (FTD); *Redes solidárias*, de Maria Tereza Maldonado (Saraiva); *Ética e cidadania*, de Herbert de Souza e Carla Rodrigues (Moderna); *O cidadão de papel — A infância, a adolescência e os direitos humanos no Brasil* e *Aprendiz do futuro — Cidadania hoje e amanhã*, de Gilberto Dimenstein (Ática); *Pra você eu conto*, de Moacyr Scliar (Atual).

E-book

- *Redes solidárias*, de Maria Tereza Maldonado (Saraiva).

Música

- Ouça as canções "Manifestação", de Carlos Rennó; "R.A.M.", do Rappa; "Chega", de Gabriel, o Pensador; "Pacato cidadão", do grupo Skank; "Comida", com o grupo Titãs; "Haiti", de Gilberto Gil e Caetano Veloso; "Admirável gado novo", de Zé Ramalho; "Guerra", do grupo Tribo de Jah; "Cidadão", de Emicida.

Sites

- http://portaldovoluntariado.df.gov.br/
- www.acaodacidadania.com.br
- www.beaba.org.br
- www.doutoresdaalegria.org.br
- www.museudapessoa.net
- https://portal.aprendiz.uol.com.br/

Fique ligado! Escreva!

Thais Circelli/Arquivo da editora

Ser cidadão... Exercer a cidadania... Afinal, o que é ser cidadão? O que é exercer cidadania? Sabemos que, como cidadãos, temos direitos e deveres. Quais são os nossos direitos e os nossos deveres?

Em *sites*, jornais e revistas, procure notícias, reportagens, fotos, cartuns, etc. relacionados à cidadania e escreva um texto em que você resuma, em poucas linhas, sua visão sobre o que é cidadania e se ela é praticada ou não em sua cidade e em nosso país.

Exponha o seu texto junto com os de seus colegas no mural da classe ou da escola.

De olho no gênero

Troque ideias com os colegas:

- Que comportamentos cada um de vocês deve ter para manter limpo e agradável o espaço que, na escola, é de uso comum e no qual todos circulam?
- Que atitudes cidadãs os jovens como vocês devem ter quando circulam pelas ruas ou andam nos ônibus ou no metrô?
- O que você acha de jovens que vandalizam prédios particulares e monumentos públicos da cidade?
- Você participa de algum grupo voluntário em sua escola, bairro ou cidade? Se sim, em que consiste essa participação? Se não participa, gostaria de participar? Por quê?
- Suponha que você ou o grupo comunitário do qual participa queira ver resolvido um problema cuja solução dependa da prefeitura de sua cidade. Que tipo de documento deve ser redigido para denunciar o problema ou pedir sua solução às autoridades competentes?

Jales Valquer/Fotoarena

Agora, leia os textos a seguir.

O debate e as cartas argumentativas: cidadania em cena

Em uma sociedade plural como a nossa, marcada pela diversidade regional, social, cultural e linguística, é natural que as pessoas apresentem diferentes pontos de vista sobre os fatos e sobre o mundo em que vivemos. E é natural que haja divergências de ideias e de interesses.

Apesar das diferenças, nas sociedades democráticas todos têm o direito de serem ouvidos e respeitados em seus pontos de vista. Desde o operário que nas assembleias de sua categoria defende uma proposta até o morador de um bairro da periferia que protesta pela falta de água, todos se expressam pela linguagem. E, em situações como essas, a expressão pela linguagem toma a forma dos gêneros argumentativos, como o debate regrado, o debate deliberativo, a carta aberta, a carta argumentativa de reclamação e a de solicitação, folhetos e panfletos, gêneros diretamente relacionados com os direitos e os deveres do cidadão.

Keiny Andrade/Folhapress

O debate regrado e as cartas argumentativas no tempo

O debate regrado e as cartas argumentativas estão diretamente relacionados com certas práticas da sociedade moderna, particularmente a partir do século XVIII, quando a informação e a liberdade de expressão passaram a ser bastante valorizadas.

Com a Revolução Francesa (1789), os nobres foram destituídos do poder e perderam seus privilégios de nascença. O princípio de "Liberdade, Igualdade e Fraternidade" difundiu a ideia de que todos têm um valor social e podem fazer valer suas opiniões e interesses, quer seja participando diretamente de debates em assembleias, quer seja elegendo representantes.

O debate, que já era um gênero praticado desde as culturas grega e latina, ganhou então um novo impulso e começou a ser praticado nas mais diferentes ocasiões e ambientes. As cartas argumentativas, antes utilizadas apenas ocasionalmente e para defender o interesse de uma ou outra pessoa da elite, ganharam também um papel social mais amplo, tornando-se um importante instrumento de luta do cidadão comum, que passou a utilizá-las como meio de se dirigir diretamente a uma autoridade e cobrar dela o cumprimento dos seus direitos.

Alamy/Fotoarena

Mulheres rumo a Versalhes durante a Revolução Francesa, em pintura de 1902.

Oficina de Criação

Projeto ▸ Respeito é bom e todo o mundo gosta

Nesta unidade, você vai participar com os colegas de uma **campanha de conscientização pelo respeito**, para a qual vocês vão produzir debates regrados, textos publicitários e cartas argumentativas de reclamação e de solicitação. A campanha vai envolver toda a escola. Todo o material será elaborado regularmente nas aulas, ao longo desta unidade. Participe!

CAPÍTULO 1

O DEBATE REGRADO PÚBLICO

O gênero em foco

O debate regrado é um gênero argumentativo oral, que se realiza numa situação em que os participantes falam o que pensam sobre determinado tema. O texto a seguir é a transcrição de parte do debate que integra a plataforma Plurall. Com a orientação do professor, assista ao debate — que contou com a participação de jovens de 14 a 16 anos — e depois leia o texto transcrito, a fim de observar alguns aspectos essenciais do gênero. O texto deve ser lido, portanto, apenas como referência, para que, depois, você também participe de um debate com os colegas.

Diego Padgurschi /Folhapress

Moderador: Ok, gente [...] Todo debate regrado tem regras que devem ser combinadas previamente e devem ser seguidas pelos debatedores. Então, eu gostaria de, primeiramente, combinar com vocês as regras que serão adotadas pelo grupo e, em seguida, eu vou pedir que alguém me auxilie para fazer o papel que é do moderador também, normalmente, que é o de fazer as inscrições daqueles que querem participar. Me parece bastante razoável que a gente tenha um tempo de argumentação, em torno de uns três minutos por participante, senão pode se estender demais. Que vocês acham disso? [...] Se porventura uma pessoa, eh, cita o nome de outra pessoa, ela pode pedir um aparte ao moderador, e o moderador poderá decidir se lhe dá ou não o aparte. Em sendo feito isso, esse direito de resposta ou de precisão da informação teria um minuto [...]. O tema que vamos debater então hoje é **A violência na sociedade hoje e as causas da violência**. Eu gostaria que vocês se inscrevessem com a Fernanda [...]. Quem gostaria de dar o pontapé inicial?

Rafael: Pode ser eu.

Moderador: Ok. Rafael.

Rafael: Eu acho que existem várias causas pra violência, mas a principal delas é a diferença social que existe no Brasil. Por exemplo, o cara que não tem emprego, não tem trabalho, não tem o que fazer da vida, ele vai querer ter o que a pessoa que tem, tem e aí ele vai... querer... praticar a violência porque ele vai querer ter aquilo, vai querer roubar, vai querer assaltar, porque quer melhorar a vida dele.

Amanda: Eu não concordo muito com o que ele falou, porque acho que... não são só as pessoas de uma classe mais baixa que praticam a violência pra chegar naquilo que a classe alta possui, e não só por bens materiais, porque a violência não é só uma violência por... pra roubar bens materiais. Então a gente tem violência, por exemplo, na Internet, a gente tem... eh... violência de assassinatos, então acho que existem muitos tipos diferentes de violência. Então, acho que isso que o Rafael falou não engloba tudo isso. Então, eu penso que, na verdade, a gente, no caso do Brasil [...] sempre foi explorado. Eu acho que [...] todo mundo tem este sentimento de ter sido explorado e de querer conseguir mais, e a violência, acho que, na verdade, é um jeito de você querer conseguir mais.

Moderador: Então você acabou concordando com ele?

Eduardo Anizelli/Folhapress

Amanda: Não, não porque... eu acho que... o que ele falou, o que ele falou, pelo menos o que eu entendi que ele falou, é que a gente... que as pessoas... é... por exemplo, uma pessoa mais pobre pratica a violência pra conseguir aquilo que uma pessoa rica tem. E eu acho que, na verdade, tanto uma pessoa mais pobre como uma pessoa rica, os dois sempre querem mais.

Moderador: Por causa dessa história...

Amanda: Por causa dessa história da gente sempre ter sido explorado, da gente sempre ter sido... Na história do Brasil chegaram, pegaram todas as nossas riquezas e levaram. Então eu acho que a violência vem da história, da nossa... da colonização de exploração. Mas isso no caso do Brasil.

Moderador: Roberson.

Roberson: Eu discordo completamente do que o Rafael falou, porque eu acho que não é porque a pessoa é pobre que ela vai daí sair por aí roubando ou fazendo qualquer coisa, entendeu? Eu acho que, meu, que todas as pessoas praticam o ato da violência, independente da classe social. Desculpa, mas eu acho que você está sendo totalmente preconceituoso com o que você falou.

Rafael: Na verdade, eu não quis dizer que a pessoa é pobre e então ela tem que roubar. Disse que ela tem obrigatoriamente a necessidade de fazer isso. Quem é rico não vai precisar fazer isso. O pobre vai ter que fazer isso porque ele não tem o que fazer, o que tem... é o que é desempregado, o que mora na rua, por exemplo... Ele vai querer viver, vai querer comer...

Moderador: Então esse foi o seu direito de réplica?

Rafael: Sim.

Moderador: Concluiu?

Rafael: Concluí.

Moderador: [Voltando-se para Roberson] Então, o seu direito de tréplica.

Roberson: Ok, obrigado. Mas depende, uma pessoa pode ser rica, mas pode ser drogada. Ela vai começar a roubar, porque ela vai perder tudo na casa dela. Ela vai começar a praticar o ato da violência dentro da casa dela, vai começar a ir pra rua pra roubar, porque ela não vai ter dinheiro pra comprar droga. E aí?

Moderador: Sofia...

Sofia: Eu concordo com o que ele disse. Eu acho que você mesmo falou... que a pessoa que é drogada vai ter que sair roubando pra poder comprar mais droga e, se ela é rica, ela consegue o dinheiro que ela quiser. Agora, as pessoas que são pobres [...] querem ter um salário legal, elas querem ter aquele carro, elas querem morar numa casa legal e elas não podem... Então elas têm que roubar pra isso. Essa é minha opinião.

Roberson: Eu discordo de novo do que você falou, Sofia. Não... não é porque a pessoa é pobre, meu, que ela vai sair roubando por aí [...] você tá falando, tipo, de cinco pessoas. Dessas cem pessoas... cinco pessoas devem fazem isso! [...]. Enquanto da classe rica, tudo bem, podem ter o maior dinheiro... mas elas nunca vão querer gastar o próprio dinheiro delas... Elas vão querer, elas vão querer roubar dinheiro de uma outra pessoa, entendeu? Elas vão querer roubar da própria casa, dos próprios pais pra ir buscar isso.

Moderador: [Voltando-se para Sofia] Você quer o direito de réplica?

Sofia: Não... acho que eu passo.

Amanda: Eu não... eu concordo mais ou menos com o que os dois disseram, porque acho que a gente divide muito assim a violência entre pobres e a violência entre ricos. Na verdade a violência está em cada indivíduo [...] Cada indivíduo vai... cada indivíduo... várias coisas na vida dele vão levar à violência. Acho que não necessariamente como... "Ah, eu sou uma pessoa rica, eu tô usando drogas, a minha mãe não vai me dar dinheiro, eu vou roubar e eu sou rica..." Tem alguma diferença se eu sou rica ou sou pobre? Não. [...].

Moderador: Ok. Em algumas falas, ficou mais ou menos claro que, para alguns, a sociedade influencia o indivíduo, então o meio, por exemplo, vocês citaram drogas como um elemento que favorece bastante a violência, porque o indivíduo, sendo rico ou sendo pobre, se ele tem uma necessidade, por exemplo, por causa das drogas, ele pode ser levado à violência. Então, a minha provocação é a seguinte: Seria então a violência alguma coisa que nasce com a pessoa?

Amanda: Não. O que eu quis dizer é que a violência em cada indivíduo deve ser tratada de uma forma diferente, de que a pessoa não nasce com a violência, ela não nasce falando... não nasce com aquele sentimento de revolta, com um sentimento de roubar, de matar, acho que isso não existe. São coisas como você... como a gente discutiu, que a sociedade e o próprio indivíduo juntos que vão pra violência.

Sofia: Eu acho que a violência nasce com a pessoa, eu acho que... eu vou dar um exemplo aqui de uma família que tem dois filhos e que um dos filhos... ele vai pro lado marginal e um vai pro lado bom. [...] Qual é... qual é a outra explicação pra dizer que um não nasceu com esse destino de maldade, vamos dizer assim... entendeu? Essa é minha pergunta.

[...]

Moderador: Bom, eu acho que já discutimos bastante, analisamos vários aspectos interessantes desta questão que é bastante polêmica. Eu lembro a vocês que este é um assunto que desafia as próprias autoridades [...] Portanto, eu acho que nós não vamos, hoje, chegar aqui a uma conclusão, mas acho que o grupo levantou questões bastante interessantes. Muito obrigado pela participação de todos.

1. Nesse trecho do debate, os estudantes abordam o tema **violência**. Os participantes foram estimulados a debater certos aspectos do tema a partir da proposta feita pelo moderador ou mediador.

a) Quem é o moderador no debate lido?

____

____

____

____

Debate: exercício de persuasão

Nem sempre há vencedores num debate. Apesar disso, o debatedor deve tentar **persuadir** seus interlocutores, isto é, tentar convencê-los de que ele tem razão.

Por isso, um debatedor bem-preparado, capaz de apresentar argumentos claros e convincentes, geralmente é bem-sucedido.

Às vezes, apesar de não conseguir convencer seu "adversário", um debatedor enriquece o debate ao apresentar pontos de vista novos, que possibilitam uma compreensão mais profunda da questão debatida.

Debater é condição básica para o exercício da cidadania.

b) Para dar início ao debate, o moderador estabelece algumas regras, como o tempo de cada debatedor, o direito de réplica, de tréplica, etc. Com que finalidade ele faz isso?

c) Observe as interferências do moderador e conclua: Qual é o papel do moderador num debate?

2. Em um debate, é comum as pessoas apresentarem opiniões diferentes ou até contrárias acerca do tema em discussão. Observe as falas de Rafael, Amanda e Sofia.

a) Rafael é o primeiro a falar. Qual é o ponto de vista dele sobre o assunto? Que argumento ele apresenta para sustentar seu ponto de vista?

b) Observe a fala de Amanda. Como ela se posiciona em relação à argumentação de Rafael? Justifique sua resposta com elementos da fala de Amanda.

c) Por que o moderador pergunta a Amanda se ela, então, concorda com Rafael?

d) E Sofia? Qual é o posicionamento dela sobre a argumentação de Rafael?

Reinaldo Canato/Folhapress

3. Roberson apresenta uma opinião totalmente diferente da dos demais.

a) Com quais debatedores, explicitamente, ele não concorda?

____

b) Que enunciados abrem as contra-argumentações de Roberson?

____

____

c) Qual é o ponto de vista de Roberson sobre o tema?

____

4. Em debates, é comum uma pessoa retomar a fala de outra, seja para concordar com o ponto de vista dela, seja para refutar (negar) afirmações feitas por ela.

a) Que trecho da fala de Sofia retoma o ponto de vista de Roberson sobre pessoas drogadas?

____

b) Apesar de Sofia retomar o ponto de vista de Roberson, ela reforça a fala de Rafael. Na sua opinião, por que, então, ela retoma o argumento de Roberson?

____

____

____

____

5. Em determinado momento do debate, o moderador sintetiza alguns argumentos, esclarece algumas ideias e propõe uma pergunta: “Seria então a violência alguma coisa que nasce com a pessoa?”.

Alexxndr/Shutterstock

a) De que debatedora é a fala que motiva a intervenção do moderador?

____

b) Que tipo de argumentação essa debatedora apresenta?

____

____

c) Essa debatedora responde à provocação feita pelo moderador?

____

____

6. Ao argumentar, os debatedores expõem seus pontos de vista. Por isso, é natural que empreguem expressões como **na minha opinião**, **para mim**, **penso que**, **eu acho que**, **do meu ponto de vista**, **concordo**, **discordo**, etc. Que expressões foram utilizadas pelos debatedores do texto em estudo?

____

7. Observe esta passagem da fala de Amanda:

> "Por causa dessa história da gente sempre ter sido explorado, da gente sempre ter sido... Na história do Brasil chegaram, pegaram todas as nossas riquezas e levaram."

a) A expressão **a gente**, nesse caso, refere-se aos interlocutores participantes daquele debate ou tem um sentido generalizante, isto é, refere-se às pessoas em geral?

____

____

b) Considerando o tema debatido, por que a expressão **a gente** assume esse sentido?

____

____

8. Geralmente, em debates públicos predomina uma variedade linguística de acordo com a norma-padrão. Contudo, a linguagem pode variar, dependendo do perfil sociocultural, sexo, idade, grupo social, grau de escolaridade dos debatedores. E pode apresentar maior ou menor grau de formalidade, conforme o grau de intimidade que os debatedores têm entre si.

a) Que tipo de variedade linguística predomina no debate lido? Ela é formal ou informal? Justifique sua resposta com alguns trechos do texto.

____

____

____

____

____

____

____

O debate fora da escola

O debate é um gênero textual produzido em diferentes esferas sociais além da escola: na TV, durante as campanhas eleitorais; nos sindicatos, em época de campanha salarial; nos cinemas e teatros, após a apresentação de certos filmes e peças, etc.

Realizar um bom debate não é difícil. Basta que sejam satisfeitas três condições básicas: um tema interessante e que desperte diferentes pontos de vista; duas ou mais pessoas bem-preparadas e que defendam posições contrárias; um público interessado em acompanhar as discussões, "torcer" por uma das posições e, eventualmente, participar enviando perguntas aos debatedores.

Albari Rosa/Gazeta do Povo

b) No debate lido, os participantes têm um perfil parecido — todos são adolescentes e estudantes. A linguagem empregada é coerente com o perfil dos debatedores? Por quê?

---

9. Reúna-se com seus colegas de grupo e, juntos, concluam: Quais são as características básicas do debate regrado público? Respondam, levando em conta os critérios a seguir.

- finalidade do gênero:

- perfil dos interlocutores:

- suporte/veículo:

- tema:

- estrutura:

- linguagem:

Agora é a sua vez

Ao final desta unidade, no capítulo **Oficina de Criação**, você participará com a turma de uma campanha de conscientização pelo respeito ao próximo, chamada **Respeito é bom e todo o mundo gosta** ou outro título escolhido por vocês. Neste capítulo, vocês vão realizar alguns debates a fim de promover e divulgar o tema da campanha. A seguir, há duas propostas de debate. Os debates poderão ser gravados e servir de fonte de ideias para a produção de cartazes, **fôlderes** e panfletos da campanha. Além disso, no dia da realização da campanha, poderão ser exibidos ao público-alvo.

Proposta 1

A exemplo dos estudantes que participaram do debate estudado, discuta você também o tema da violência, procurando responder, junto com os colegas, à pergunta: **Quais as causas da violência na sociedade?**.

Antes de participar do debate, pesquise sobre o tema da violência, defina seu ponto de vista e traga argumentos para serem expostos e discutidos com seus colegas. Durante a pesquisa, tome nota de dados e pesquisas que possam sustentar seu ponto de vista.

Proposta 2

A nossa sociedade pode ser bastante excludente com determinados grupos. Leia o painel de textos a seguir. Depois, participe com a turma de um debate regrado sobre o tema: **O Brasil é uma sociedade inclusiva?**.

"A gente está construindo uma sociedade inclusiva, mas leva tempo e esforço", diz Rodrigo Mendes

Em entrevista, paulistano que ficou tetraplégico durante um assalto fala sobre o desafio da ONG que criou para promover a educação inclusiva em todo o país e transformar uma realidade de preconceito

03/11/2017 - 11h13min Atualizada em 03/11/2017 — 11h53min

Aos 18 anos, um assalto mudou para sempre a vida do paulistano Rodrigo Hübner Mendes. Um tiro disparado durante o episódio de violência no bairro Morumbi atravessou o seu pescoço e o deixou tetraplégico. Com recursos para manter bons tratamentos, ele mergulhou no universo das artes e começou a pintar usando, por exemplo, um computador comandado por movimentos da cabeça. As artes plásticas mais do que lhe devolveram a motivação, fizeram nascer a vontade de ajudar quem vivia em situação de exclusão e não tinha acesso a tratamentos melhores, quando muito, a cadeiras de rodas e medicamentos.

Eduardo Barcellos/Fotocontexto

Quatro anos depois, em 1994, criava o Instituto Rodrigo Mendes (IRM), que oferecia bem-estar e novos horizontes em aulas de artes a alunos com limitações físicas. Em 2012, alterou o foco da

organização sem fins lucrativos e lançou o Portas Abertas para a Inclusão, projeto com o objetivo de instruir professores de escolas da rede pública a respeito da inserção de pessoas com deficiência nas classes de educação física de turmas dos níveis infantil e fundamental. A iniciativa que começou na capital paulistana cresceu e já chegou a 20 Estados nas cinco regiões, em um total de 2 mil professores capacitados.

[...]

No dia 31 de outubro, Rodrigo conversou conosco por telefone para uma entrevista. Confira abaixo [...] como foi essa conversa.

Gostaria que relatasse o episódio de violência que o deixou em uma cadeira de rodas e em como o ocorrido impulsionou a criação do Instituto Rodrigo Mendes.

Eu passei por um acidente quando eu estava no final do Ensino Médio e me preparava para entrar no Ensino Superior. Eu fui assaltado em São Paulo e levei um tiro. Eu tinha 18 anos, foi em 1990 [...]. Isso gerou a imobilidade abaixo dos ombros, chamada de tetraplegia. Na fase de reabilitação, eu tive muita ajuda por parte de família e amigos pois eu tinha uma boa condição e tive acesso aos melhores tratamentos. Mas aí eu comecei a perceber que eu era uma exceção, a grande parte das pessoas não tem isso, pelo contrário. Então eu comecei a sentir um incômodo muito grande de ver o quanto o contexto da exclusão é cruel para quem não tem apoio e ao mesmo tempo eu fui sentindo uma necessidade enorme de devolver e retornar um pouco dessa ajuda que eu tinha recebido. Esse caminho seguiu para a criação do IRM, que eu fundei em 1994, que pudesse oferecer cursos. [...] O Instituto Rodrigo Mendes nasceu de uma necessidade pessoal, mas que acabou se expandindo para o propósito de um grupo de pessoas. [...]

[...]

Como se sensibiliza uma sociedade para a questão da inclusão de pessoas com deficiência?

Eu acho que não existe uma receita, mas isso deve partir da conscientização de que essas pessoas têm direitos e que elas podem construir a sua autonomia se a sociedade eliminar barreiras, oferecer espaços, pensar em acessibilidade. E é uma responsabilidade coletiva, ela não é uma responsabilidade só da família ou só daquela pessoa, isso é uma mudança de visão que precisa cada vez mais acontecer. A gente tende a achar que é um problema que está no outro e a gente torce para que o outro resolva o seu problema. Quando na verdade a principal barreira está na nossa atitude, na forma como a gente julga, como a gente mesmo subestima, como a gente mesmo já impõe barreiras. Esse é o grande desafio que só vai ser vencido quando todo mundo fizer parte desse processo. Eu costumo usar o exemplo da Paraolimpíada, onde não adianta nada a gente assistir, se emocionar e torcer se no outro dia a gente toca a vida exatamente como a gente sempre tocou, sem estar disposto a mudar as nossas atitudes, mudar a forma como a gente conversa, mudar os nossos locais de trabalho, os nossos espaços de lazer. Se isso não acontecer de forma coletiva, a participação vai ser ainda pontual, parcial e incipiente.

Então podemos dizer que estamos evoluindo no Brasil?

Muito! Na educação, o que a gente tem hoje como retrato é totalmente diferente do que a gente encontraria há 15, 20 anos. Por exemplo, a estatística: hoje 80% das matrículas de alunos com deficiência na rede pública de educação básica já são em ambientes inclusivos. Só 20% são ainda em segregados. Isso lá no começo do milênio, no início dos anos 2000, era o contrário: 80% estavam em ambientes segregados, e isso é um bom exemplo do quanto mudou.

Mas ainda precisamos avançar muito...

Bastante. Em políticas públicas que sejam amplas, de fato impactantes, que sejam duradouras e dentro disso a gente fala em acessibilidade, transporte público, investimento em parceria intersetorial. E olhando para a escola, no fazer pedagógico, ou seja, a pergunta mais importante é como que eu faço? Como é que eu planejo uma aula, como é que eu ensino os

outros educadores, como eu avalio o estudante, como eu garanto que ele está tendo a chance de acessar o conteúdo. [...]

O que a sociedade deve saber sobre a deficiência, sobre a pessoa com deficiência ou sobre a inclusão que ainda não sabe?

[...] É uma amplitude de assuntos e vai depender da circunstância. Mas se pudesse eleger uma questão fundamental é a clareza de que a escola é um direito de todos.

(Editoria da Fundação Maurício Sirotsky Sobrinho em *GaúchaZH*, autoria Ana Carolina Bolsson. Disponível em: https://gauchazh.clicrbs.com.br/educacao-e-emprego/noticia/2017/11/a-gente-esta-construindo-uma-sociedade-inclusiva-mas-leva-tempo-e-esforco-diz-rodrigo-mendes-cj9jws64v0ght01lct4wtu9o4.html. Acesso em: 2/2/2019.)

Brasil e o mundo se impressionam com público nas Paralimpíadas do Rio

2,1 milhões de pessoas compraram ingressos e frequentaram as arenas de competições na capital fluminense

BRUNO TRINDADE
ENVIADO ESPECIAL

Rio de Janeiro. A baixa venda de ingressos no início criou um receio de poucas pessoas durante os Jogos Paralímpicos e arenas vazias. Mas foi só a Olimpíada terminar para o torcedor mostrar todo o seu interesse nas Paralimpíadas, com recordes diários de vendas de bilhetes. O público se emocionou, lotou as arenas, vibrou e mostrou que está junto com o paradesporto brasileiro. Dois milhões e 100 mil pessoas compraram ingressos e frequentaram as arenas de competições no Rio de Janeiro. No primeiro fim de semana da competição, nos dias 10 e 11, a presença de torcedores foi maior do que no primeiro fim de semana dos Jogos Olímpicos, que têm mais visibilidade.

Zanone Fraissat/Folhapress

Atletas e comissões técnicas de outras delegações, segundo o presidente do Comitê Paralímpico Brasileiro e vice-presidente do Comitê Paralímpico Internacional (IPC — sigla em inglês), Andrew Parsons, se mostraram impressionados da forma como o público acolheu o evento e os paratletas.

"Dois milhões e cem mil pessoas compraram ingressos para os Jogos Paralímpicos. Os outros países comentavam como o povo brasileiro e os cariocas abraçaram o evento. A nadadora Edênia Dorta, que é uma atleta muito experiente, disse que não conseguia parar de olhar pra torcida e que nunca imaginou vivenciar isso. Acho que as Paralimpíadas vão influenciar outras pessoas. Sempre acontece um "boom" após grandes competições, até com profissionais de educação física. A gente viu muitas pessoas com deficiência nas instalações, um número três vezes maior de cadeirantes no Parque do que nos Jogos Olímpicos. Vemos um aumento no número de pessoas que vão se envolver e praticar os esportes paralímpicos", declara.

[...]

(Disponível em: https://www.otempo.com.br/hotsites/paralimp%C3%ADadas-2016/brasil-e-o-mundo-se-impressionam-com-p%C3%BAblico-nas-paralimp%C3%ADadas-do-rio-1.1373970. Acesso: 3/1/2019.)

Reprodução/<http://radio.mpt.gov.br>

Planejamento do debate

- Durante a realização do debate, procurem abordar ou responder às seguintes questões:
  - Convivemos bem com a diversidade humana em nosso dia a dia?
  - As pessoas com deficiência precisam de algum tratamento diferenciado nas escolas ou em seus locais de trabalho?
  - Os espaços públicos estão adaptados para todas as pessoas?
  - As pessoas com deficiência estão realmente incluídas no mercado de trabalho? E nas instituições de ensino?
  - As leis brasileiras estão garantindo a inclusão de pessoas com deficiência?
  - As pessoas com deficiência ainda sofrem discriminação?
- Assumam um ponto de vista, de acordo com a opinião que têm sobre o assunto.
- Fundamentem a opinião com bons argumentos, motivos e explicações.
- Procurem utilizar dados e fatos como exemplos para a argumentação.
- Façam anotações dos pontos principais que vocês defenderão e dos argumentos a serem utilizados; elas podem servir como guia para conduzir o raciocínio.
- Leiam o quadro "Princípios e procedimentos para a realização de um debate democrático".
- Direcionem a fala para o público e tenham cuidado com a impostação da voz: não falem nem muito alto, nem muito baixo, nem gritando, nem sussurrando. Procurem passar segurança e credibilidade ao falar.
- Fiquem atentos aos argumentos e contra-argumentos dos outros debatedores, para poder refutá-los adequadamente, porém sem agressividade.
- Utilizem uma linguagem adequada ao debate, sem o uso excessivo de gírias e de expressões típicas de conversas informais, ou a repetição excessiva de expressões como "tipo", "assim", "né", "tá", entre outras.

Se possível, filmem o debate, para terem meios mais seguros de avaliar o resultado. O vídeo poderá ser divulgado na campanha **Respeito é bom e todo o mundo gosta**, que a classe deverá realizar na **Oficina de Criação** desta unidade.

Avaliação do debate

Realizado o debate, avaliem-no, observando os seguintes aspectos:

- Houve, claramente, a explicitação de duas ou mais opiniões divergentes a respeito do tema?
- As ideias foram aprofundadas, com a utilização de argumentos consistentes?
- O uso da palavra se deu de maneira democrática? Houve alguém que monopolizou a palavra?
- O moderador exerceu adequadamente seu papel?
- As regras estabelecidas (quanto a tempo, direito de réplica, etc.) foram adequadas e respeitadas?
- Os participantes se trataram de maneira educada, sem agressividade?
- A linguagem dos participantes foi adequada?

Princípios e procedimentos para a realização de um debate democrático

1. Todos os participantes têm o direito de:
   - falar e ouvir livremente (não se deve interromper a exposição do outro);
   - expressar suas ideias em igualdade de condições (igualdade de tempo, por exemplo);
   - ser respeitados ao expor o que pensam (não se deve, por exemplo, zombar ou provocar o debatedor durante sua exposição).
2. No debate, o confronto é de ideias; assim, a discussão nunca deve ser levada para o terreno pessoal.
3. Os participantes devem evitar argumentos repetidos, a fim de que o debate tenha um bom andamento e não fique monótono.
4. Quando um participante apresenta um contra-argumento relativo ao ponto de vista de outro, pode haver réplica, dependendo do acordo prévio estabelecido entre o moderador e os participantes.

Para escrever com expressividade

Apreciação no discurso e exploração de recursos gráficos

Leia esta tira, de Fernando Gonsales:

1. O ambiente dos dois quadrinhos difere bastante. Qual é a relação entre os dois quadros?

2. O humor e a crítica da tira concentram-se no 2º quadrinho.

a) Que recursos gráficos são utilizados para mostrar a reação das três personagens que olham um celular no 2º quadrinho?

b) Há uma contradição entre o 1º e o 2º quadrinho que cria o humor da tira. Explique essa contradição.

3. Compare os recursos gráficos utilizados nos quadros da tira:

a) No 2º quadrinho, o que os recursos gráficos utilizados no 1º balão de fala do urso panda sugerem?

© Fernando Gonsales/ Acervo do cartunista

b) O que a retomada do tamanho de letra mostra sobre o 2º balão de fala do urso?

4. A expressão **Ohh**, dita pelas três personagens no 2º quadrinho, mostra uma apreciação de valor sobre o que aparece no 1º quadrinho:

a) Que avaliação é essa?

b) Qual é a apreciação ou o juízo de valor do urso panda sobre as três personagens?

Na tira lida, no 2º quadrinho, o urso panda mostra sua indignação com a atitude das pessoas que visitam o zoológico. O emprego de negrito na palavra **Ei!** e a entonação de exclamação dão a entender que o urso panda se expressa de maneira enfática ao perceber que as pessoas se sensibilizam com uma notícia veiculada pela Internet sobre sofrimento animal, mas não enxergam a crueldade que ocorre em frente a seus olhos.

Como você já sabe, os recursos gráficos são usados, na escrita, com a finalidade de suprir a ausência de elementos que normalmente aparecem nas situações de fala, como gestos e expressões, e também para chamar a atenção para aspectos da situação de comunicação que o autor do texto considera importantes.

Na tira lida, os recursos gráficos revelam os sentimentos das personagens e a avaliação que cada uma faz da situação na qual elas estão inseridas. As três personagens manifestam uma apreciação negativa sobre a história do urso-polar, ao passo que o urso panda manifesta uma apreciação negativa a respeito da atitude das três personagens.

Quando o locutor se posiciona em relação ao que ele próprio diz e/ou em relação ao discurso do outro ou à situação ou aos fatos sobre os quais comenta, revelando opinião, ponto de vista, intenção, juízos de valor, ou seja, realizando uma espécie de "comentário", ele faz o que se chama **apreciação** do discurso.

Apreciação valorativa do discurso é o juízo de valor ou a posição que o enunciador assume em relação ao que ele próprio diz ou em relação ao assunto, aos fatos ou à situação de que trata.

Alguns recursos gráficos, como as **aspas** e a expressão ***sic***, explicitam com clareza uma avaliação apreciativa do locutor.

Observe o emprego de aspas e *sic* no texto a seguir, extraído de um artigo do jornalista Roberto Dias.

Inflados influenciadores

[...]

Era inevitável: cedo ou tarde, o caldo crítico que se formou sobre as redes sociais iria arrastar os chamados influenciadores digitais.

Essa visão "pé atrás" com as redes já vinha sendo aplicada às próprias empresas (pela utilização obscura dos dados pessoais), aos algoritmos (mais e mais gente entende que está confinada em bolhas de interesses) e às informações que por ali circulam (por causa das fake news).

[...]

O personagem que desencadeou a discussão da vez é Júlio Cocielo, 25. Ao comentar as arrancadas de Mbappé, atacante negro da França, escreveu que ele "conseguiria fazer uns arrastão [sic] top na praia".

Foi a senha para acusações de ofensa racial pulularem pela internet e o influenciador perder patrocínios de marcas do calibre de Adidas, Itaú, Submarino e Embratur. [...]

(Disponível em: https://www1.folha.uol.com.br/colunas/robertodias/2018/07/inflados-influenciadores.shtml. Acesso em: 27/2/2019.)

Julia Tim/Shutterstock

No texto, Roberto Dias cita uma postagem retirada de uma rede social da Internet. Na citação, utiliza a expressão ***sic***, que significa "assim mesmo", "textualmente". Com o emprego dessa expressão, ele mostra reconhecer que há inadequação e imprecisão de linguagem no texto citado e que o emprego equivocado é do outro, e não dele. A inadequação de linguagem consiste em que, de acordo com a norma-padrão, no lugar de **arrastão**, deveria ter sido empregada a palavra **arrastões**, no plural, em concordância com o artigo indefinido **uns**. Contudo, o autor não se incomoda com o uso do estrangeirismo *top* e o deixa sem nenhuma marcação.

Assim, a expressão ***sic*** é empregada entre parênteses (ou entre colchetes), depois de uma palavra ou expressão que, do ponto de vista do autor do texto, apresenta algum tipo de estranheza, imprecisão, inadequação ou incorreção, com o fim de indicar que o locutor tem consciência do problema, mas não tem responsabilidade sobre a forma de expressão adotada pelo autor do texto original.

O emprego das aspas no texto de Roberto Dias tem duas funções: na reprodução da postagem, para marcar a citação; na expressão **pé atrás**, para marcar o uso de uma expressão informal e metafórica em seu artigo de opinião. Ou seja, nesse último caso, o emprego das aspas também mostra uma apreciação valorativa do locutor: a de que percebe que a expressão destoa da formalidade da linguagem adotada no restante do texto.

Às vezes, a apreciação valorativa não aparece por recursos gráficos, mas é insinuada ou expressa no texto. Leia e observe estes textos:

Filme com Kéfera investe contra o bullying, mas peca em originalidade

'Eu Sou Mais Eu' se preocupa mais em passar mensagem de autoafirmação do que com cinema

Marina Galeano

EU SOU MAIS EU ★★☆☆☆

[...]

Mesmo investindo em uma causa nobre, o filme peca na originalidade. A trama pega emprestado diversos elementos de outras produções do gênero e não consegue oferecer algo novo ao público. O resultado traz à memória pérolas como "De Repente 30" (2004), "Nunca Fui Beijada" (1999) e até "Meus 15 Anos" (2017), longa com Larissa Manoela.

[...]

Sem muita relevância em termos cinematográficos, "Eu Sou Mais Eu" se serve da popularidade e das experiências reais de uma das youtubers mais influentes do Brasil para dar visibilidade a um tema cascudo e transmitir uma mensagem sobre autoafirmação.

(Disponível em: https://www1.folha.uol.com.br/ilustrada/2019/01/filme-com-kefera-investe-contra-o-bullying-mas-peca-em-originalidade.shtml. Acesso em: 27/2/2019.)

Reprodução/Damasco Filmes

No texto, a crítica Marina Galeano demonstra logo no título, por meio do emprego da frase "peca em originalidade", a sua opinião sobre o filme *Eu sou mais eu*. Na sequência, a avaliação negativa é reforçada com as expressões "não consegue oferecer algo novo ao público" e "Sem muita relevância em termos cinematográficos". O texto também apresenta um recurso gráfico com função avaliativa: a quantidade de estrelas dadas ao filme.

Exercícios

Leia esta tira, de Laerte:

© Laerte/Acervo da cartunista

1. Na tira, Rozy está sob o poder de piratas, prestes a ser forçada a pular no mar, e faz uma ameaça logo no 1º quadrinho.

a) Os piratas sentem medo da ameaça de Rozy? O que comprova sua resposta logo no 1º quadrinho?

b) Que elementos verbais e não verbais do 2º quadrinho confirmam o sentimento dos piratas?

2. Compare os recursos gráficos utilizados nos três quadros da tira.

a) Na comparação entre as duas falas de Rozy, o que os recursos gráficos utilizados no 3º quadrinho sugerem?

b) Por que a palavra **nada** no último quadrinho está em tamanho maior e em negrito? Que outro recurso gráfico é combinado a esse para construir o sentido da fala do pirata?

3. O humor da tirinha resulta de uma interpretação particular dos piratas para a ameaça de Rozy.

a) Como os piratas compreendem a ameaça de Rozy?

____

____

____

b) O que as expressões "Não pode nada??" e "Caraca!", relacionadas às ameaças de Rozy, revelam sobre o comportamento dos piratas?

____

____

____

____

____

____

Leia este texto:

Dinheiro lançado para mulheres na Alemanha chama a atenção para desigualdade salarial

por BLOG DO CURIOSO *em* abr 3, 2018 • 17:13

Tem uma moeda nova circulando na Alemanha. Neste mês, a marca **Paisley** criou um dinheiro especial para mulheres utilizarem em suas lojas: o FEM. As notas valem exatamente 121% do valor de um euro e são parte de uma campanha para promover a primeira linha de roupa feminina da marca e, simultaneamente, chamar atenção para a desigualdade salarial que ainda existe no país europeu. O valor do FEM foi escolhido justamente para "devolver" esse poder de compra às mulheres, que faturam 21% a menos do que os homens no mercado de trabalho.

[...]

Na campanha, a questão central é a desigualdade salarial, mas ela também chama atenção para outro ponto de desequilíbrio de gênero no mundo do dinheiro: a quantidade de mulheres estampadas em cédulas. Uma pesquisa de 2016 apontou que apenas 9% de todas as notas em circulação em 180 países são ilustradas por mulheres. E mais: em 74 das 120 notas existentes, a mulher em questão é a **Rainha Elizabeth II**, que apareceu pela primeira vez nas verdinhas quando tinha apenas 8 anos.

[...]

De acordo com uma descoberta arqueológica de 2007, a primeira mulher representada no dinheiro foi ninguém menos que **Cleópatra**, cuja face foi cravada em uma moeda de prata. Na Síria, uma das notas retrata a Rainha Zenobia, conhecida por lutar contra o exército romano,

no ano de 200. No México, o casal Frida Kahlo e Diego Rivera divide a nota de 500 pesos. Ele aparece na frente (anverso) e ela estampa as costas (reverso) da cédula. Já na Argentina, Evita Perón está representada na nota de 100 pesos. Nos anos 1990, duas mulheres importantes foram homenageadas por seus países: a cientista Marie Curie na cédula de 20 mil zloty poloneses e Golda Meir, única mulher a ocupar o cargo de primeira-ministra em Israel até hoje, na nota de 10 shequel.

O dólar, considerada a moeda mais influente do mundo, nunca colocou uma mulher em suas notas. Em 2016, o então presidente Barack Obama aprovou a substituição do ex-presidente Andrew Jackson pela abolicionista negra Harriet Tubman na nota de 20 dólares. Mas, com a entrada de Donald Trump na presidência, a promessa ainda não se cumpriu. O Reino Unido, por sua vez, deu espaço para mais uma mulher além de sua rainha: a nota de 10 libras da escritora **Jane Austen**, que também foi homenageada pela FEM, entrou em circulação em setembro do ano passado.

Atualmente, dá para dizer que todas as seis notas brasileiras possuem uma mulher. A efígie simbólica, originada durante a Revolução Francesa como representante da República, foi batizada de Marianne. Seu rosto é o mesmo da Estátua da Liberdade, um dos principais pontos turísticos norte-americanos. Mas essa não vale! Na história da moeda brasileira, três mulheres foram representadas na cédula.

A primeira foi a **Princesa Isabel**, em 1967, numa cédula de 50 cruzeiros, que circulou por cinco anos. Ela voltou a figurar na moeda depois de nove anos, de 1981 a 1987, quando estampou a nota de 200 cruzeiros. Entre 1989 e 1992, a poeta **Cecília Meireles** foi homenageada nas notas de 100 cruzados novos. A última cédula brasileira que recebeu uma mulher foi a de 50 mil cruzeiros reais, conhecida como "A Baiana", que circulou entre março e setembro de 1994, a última nota antes da criação do Real.

(Disponível em: https://guiadoscuriosos.uol.com.br/blog/2018/04/03/moeda-feminina. Acesso em: 25/2/2019.)

As cédulas e as mulheres

São seis cédulas diferentes, cada uma com uma mulher influente na história em uma área diferente: **Ada Lovelace**, inglesa pioneira na programação de computadores, foi escolhida para ilustrar a nota de 1 FEM; a revolucionária alemã **Rosa Luxemburgo** está na nota de 5 FEM; a britânica **Florence Nightingale**, cujas técnicas de tratamento para feridas de batalha durante a Guerra da Crimeia foram essenciais para os avanços na área de enfermagem, aparece na nota de 10 FEM. **Amelia Earhart**, a americana que foi a primeira mulher a pilotar um avião sozinha sobre o oceano Atlântico, aparece na de 20 FEM; e a célebre autora inglesa **Jane Austen** figura na de 50 FEM. Na nota mais alta, a homenageada foi a cientista polonesa **Marie Curie**, primeira mulher a ganhar um Prêmio Nobel e a única pessoa a repetir o feito em duas categorias diferentes (Física, em 1903, e Química, em 1911).

Imagens: Reprodução/<https://guiadoscuriosos.uol.com.br>

4. Qual é o assunto principal do texto?

____

____

____

5. Os autores de textos jornalísticos geralmente procuram abordar os assuntos de modo imparcial, sem tomar uma posição a respeito deles. Apesar disso, há quase sempre nos textos jornalísticos um posicionamento de seus autores, identificado por meio de marcas de apreciação valorativa.

Releia o primeiro parágrafo do texto.

a) Qual é a apreciação do autor do texto sobre a desigualdade salarial entre homens e mulheres na Alemanha? Que palavra indica essa apreciação?

____

____

____

____

____

b) Sobre a moeda criada, que palavras a qualificam? O que essa qualificação revela sobre a visão do autor do texto sobre o FEM?

____

____

____

c) Por que a palavra **devolver** está entre aspas?

____

____

____

6. Releia o seguinte trecho do texto:

> "Uma pesquisa de 2016 apontou que apenas 9% de todas as notas em circulação em 180 países são ilustradas por mulheres. E mais: em 74 das 120 notas existentes, a mulher em questão é a **Rainha Elizabeth II**, que apareceu pela primeira vez nas verdinhas quando tinha apenas 8 anos."

a) Qual é o papel da expressão **e mais** nesse trecho?

b) O que o uso dessa expressão revela sobre a apreciação do autor sobre o número de mulheres que estampam notas de dinheiro? Justifique sua resposta com base em elementos do texto.

7. De acordo com o texto, quem foi a primeira mulher representada em dinheiro? Qual é a apreciação do autor sobre essa figura?

8. No Brasil, todas as cédulas apresentam a efígie simbólica batizada de Marianne. O autor considera sua presença suficiente para romper a desigualdade de representação entre homens e mulheres em dinheiro? Levante hipóteses: Por que o autor avalia a presença de Marianne dessa maneira?

CAPÍTULO 2

CAMPANHA: GÊNEROS PUBLICITÁRIOS

O gênero em foco

Para realizar uma **campanha de conscientização**, também chamada de **campanha comunitária**, precisamos planejar uma série de ações e produções textuais que visam convencer o público-alvo a refletir sobre um problema, a participar da campanha, engajando-se ou mudando suas atitudes.

Atualmente, as campanhas de conscientização são veiculadas por diferentes mídias, em diferentes gêneros e suportes. Dessa forma, a campanha pode chegar a um público mais amplo e surtir os efeitos transformadores desejados.

Os gêneros que integram a campanha normalmente pertencem à esfera publicitária e, neste capítulo, você vai conhecer alguns deles.

Anúncio

Leia o texto a seguir.

Reprodução/Sociedade Brasileira de Trauma Ortopédico

1. O anúncio publicitário é um gênero textual que tem a finalidade de promover uma ideia ou a marca de um produto ou de uma empresa.

a) O que o anúncio lido promove: uma ideia ou a marca de um produto?

____

b) Que produto ou ideia ele promove?

____

c) Quem é o locutor desse anúncio, ou seja, de quem foi a iniciativa de publicá-lo?

____

d) A quem o anúncio se dirige?

____

2. O anúncio publicitário é um gênero textual que pertence ao grupo dos gêneros argumentativos, pois tem a finalidade de convencer o interlocutor a aderir ao seu propósito. No caso do anúncio lido:

a) Qual é o principal argumento utilizado para convencer o interlocutor?

____

____

b) Na sua opinião, esse argumento é suficientemente forte para persuadir o interlocutor? Por quê?

____

____

____

3. Em que locais ou veículos de comunicação o anúncio pode ser divulgado?

____

4. O anúncio lido constrói o sentido pretendido com base na ambiguidade (duplo sentido) do enunciado verbal principal. Explique a ambiguidade.

____

____

____

5. Há trechos do texto verbal destacados em negrito. Quais são eles? Levante hipóteses: Por que esses trechos específicos estão em negrito?

____

____

____

6. Geralmente, os anúncios publicitários utilizam recursos gráficos e imagens para alcançar seus objetivos e mobilizar o público-alvo.

a) Observe a barra preta no topo do anúncio. O que ela representa?

____

b) Qual é a relação da barra preta com o tema do anúncio? Que outros recursos remetem à mesma representação?

____

____

____

____

c) Qual é a relação entre a imagem da direita e o órgão responsável pelo anúncio?

____

____

____

____

7. *Slogan* é uma palavra ou frase curta e de fácil memorização, usada com frequência em propaganda.

Reprodução/Sociedade Brasileira de Trauma Ortopédico

a) Qual é o *slogan* do anúncio?

____

b) O *slogan* desse anúncio, pela construção e pela sonoridade, lembra outro *slogan* utilizado em campanhas de trânsito. Qual é ele?

____

____

c) Qual símbolo muito utilizado nas redes sociais acompanha o *slogan* em estudo? Qual é a função dele?

____

____

____

8. O anúncio também apresenta o logotipo da campanha "Maio amarelo". Qual é a figura do logotipo? Você sabe o que essa figura costuma representar?

____

____

____

9. Observe a linguagem do texto:

a) Há diferença, quanto à variação linguística, entre a linguagem utilizada no texto central do anúncio e o texto dos balões? Qual é a diferença?

b) Por que o anúncio recorre a essa diferença na linguagem?

c) O anúncio apresenta textos longos ou curtos? Os textos são diretos e objetivos ou detalhados? Levante hipóteses: Por que isso ocorre, tendo em vista a função do gênero e os locais em que o anúncio é publicado?

10. Reúna-se com seus colegas de grupo e, juntos, concluam: Quais são as características básicas do anúncio publicitário? Respondam, levando em conta os critérios a seguir.

- finalidade do gênero:
- perfil dos interlocutores:
- suporte/veículo:
- tema:
- estrutura:
- linguagem:

Vídeo e áudio

É cada vez mais comum, nas campanhas, a produção de anúncio em vídeos para serem veiculados na televisão e na Internet, em *sites* e redes sociais. Arquivos de áudio, para circular em estações de rádio e como *podcasts*, também são recursos utilizados para ampliar o alcance das campanhas.

Podcast

Como você já estudou no volume anterior, *podcast* é um arquivo digital em áudio, que pode conter músicas, sons e fala gravada e pode ser postado na Internet acompanhado de um texto escrito, com imagens e outros recursos em *blogs* e *sites*, ou ainda ser disponibilizado em aplicativos de música e áudio.

1. Observe a imagem de uma das cenas do vídeo da campanha "Maio amarelo 2018 — Nós somos o trânsito".

a) O que é representado na imagem central da cena? O que há de inusitado nessa imagem?

Reprodução/<https://www.youtube.com/watch?v=uTmXXQI5dxc>

b) Assista ao vídeo no endereço virtual indicado pelo professor e responda: Qual é o recurso utilizado pela edição de vídeo para construir e enfatizar o tema da campanha, "Nós somos o trânsito"?

c) O vídeo é longo ou curto?

d) O vídeo apresenta diálogo entre personagens ou entre personagens e o público ou apresenta um locutor que não participa das cenas?

2. A mesma campanha, "Maio amarelo 2018", também foi veiculada no formato de propaganda de rádio e *podcast*. Leia, abaixo, a transcrição do áudio veiculado.

Minha escolha faz a diferença no trânsito. O mês de maio começou e já é possível ver que a cor amarela está presente em prédios públicos, empresas e entidades por todo o país. É o mês escolhido para mudar para sempre as atitudes no trânsito, tudo para diminuir o grande número de vítimas fatais e sequelados pelos acidentes. Você sabia que a cada doze minutos uma pessoa morre em um acidente de trânsito no Brasil?

Precisamos mudar essa triste realidade e para isso cada um precisa fazer a sua parte. Afinal, estamos no maio amarelo. Este ano o tema do movimento é "Nós somos o trânsito", um compromisso para que cada um de nós mude suas atitudes, afinal o trânsito é feito de pessoas. Escolha atitudes prudentes que podem salvar a sua vida e evitar acidentes. Seja responsável por um trânsito melhor, mais harmonioso. Lembre-se: nós somos o trânsito.

Oxlock/Shutterstock

(Boletim 1. Disponível em: https://drive.google.com/drive/folders/1zuldd0O48Yw-2zml715H6gpflQZUot8V. Acesso em: 14/2/2019.)

a) O texto menciona o recurso visual utilizado na mesma campanha. Qual é ele?

b) O texto se dirige diretamente ao público? De que maneira?

c) Para chamar a atenção e mobilizar o público, o texto também apresenta dados sobre o trânsito brasileiro. O que é informado ao ouvinte?

d) Como o locutor avalia a situação do trânsito em nosso país?

3. Se possível, ouça o áudio pelo *link* indicado. Observe a linguagem do texto e responda:

a) Você acha que o áudio decorre de uma fala planejada ou de um texto escrito lido em voz alta? Justifique sua resposta.

b) Que variedade linguística é utilizada?

c) Para aconselhar o ouvinte, que modo verbal é utilizado? Dê exemplos.

d) O texto é iniciado na 1ª pessoa do singular. No decorrer do texto, a 1ª pessoa do plural é utilizada. Levante hipóteses: Por que ocorre essa mudança?

4. O vídeo e o áudio são também anúncios publicitários, mas recorrem a outros recursos disponíveis na mídia utilizada.

a) O objetivo do vídeo e do áudio é o mesmo do anúncio impresso?

b) O que o vídeo e o áudio promovem?

5. Reúna-se com os colegas de grupo e, juntos, concluam: Quais são as características básicas dos anúncios em vídeo e áudio? Respondam, levando em conta os critérios a seguir.

- finalidade do gênero:
- perfil dos interlocutores:
- suporte/veículo:
- tema:
- estrutura:
- linguagem:

Fôlder, *flyer* e panfleto

Os gêneros que compõem uma campanha podem ser produzidos para atingir uma coletividade — como o anúncio publicitário — ou podem ser direcionados ao público de maneira individualizada. Leia os textos abaixo.

Texto 1

imagens: Campanha do estado de São Paulo sobre dicas de segurança para motociclistas. Fonte: http://www.segurancanotransito.sp.gov.br/Home/FacaParte.

(Disponível em: http://www.segurancanotransito.sp.gov.br /Home/FacaParte. Acesso em: 15/2/2019.)

Texto 2

Frente

Verso

(Disponível em: http://www.segurancanotransito.sp.gov.br/Home/FacaParte. Acesso em: 15/2/2019.)

imagens: Campanha do estado de São Paulo sobre dicas de segurança para motociclistas. Fonte: http://www.segurancanotransito.sp.gov.br/Home/FacaParte.

1. O texto 1 é um fôlder.

a) Qual é o objetivo desse **fôlder**?

____

____

____

b) Quem é o público-alvo?

____

c) Quem é o responsável por sua produção?

____

____

d) O fôlder apresenta um título. Qual é ele?

____

____

Diferença entre panfleto, *flyer* e fôlder

Para o público em geral, é difícil identificar as diferenças entre esses gêneros, já que sua função é bastante semelhante: chegar às mãos das pessoas para informar, vender ou conscientizar. Mas há diferenças, principalmente relacionadas ao formato e à estrutura de cada um. Um **panfleto** costuma ser mais simples: tem dimensões pequenas, é impresso apenas na frente, em papel comum, geralmente em preto e branco, e utiliza poucos recursos gráficos. Um ***flyer*** é um material impresso para "voar" (vem de *fly*, voar em inglês). Ele tem dimensões reduzidas, quase sempre impresso dos dois lados e com mais recursos gráficos, utilizando mais cores, em um papel de melhor qualidade. Já o **fôlder** é um material com dobras (*fold*, significa dobra em inglês), em geral uma ou duas, na vertical ou horizontal. Por isso, apresenta capa, contracapa e interior. Assim, o fôlder comporta uma quantidade maior de informações. Também costuma apresentar um trabalho mais elaborado com recursos gráficos.

Reprodução/<https://www.lojagraficaeskenazi.com.br>

2. O fôlder lido é parte de uma campanha.

a) Qual é ela?

____

b) A campanha está relacionada a um programa do governo do Estado de São Paulo. Qual é ele?

____

____

3. O fôlder apresenta um dado estatístico sobre os motociclistas. Qual é o dado? Em que outro trecho do fôlder esse dado é retomado?

____

____

____

____

4. Observe as fotografias utilizadas no fôlder. Qual é a relação delas com o conteúdo?

____

____

5. O texto 2 é um *flyer*.

a) Qual é o objetivo desse *flyer*?

____

____

b) Quem é o público-alvo?

c) Quem é o responsável por sua produção?

6. Observe as imagens do texto 2.

a) Qual animal é utilizado no texto?

b) Qual é a relação do animal com o tema da campanha?

7. O *flyer* constrói sentidos com base no humor. Em que consiste o humor do texto?

8. O texto 2 apresenta dois dados estatísticos.

a) Quais são eles?

b) Os dois dados apresentados têm a mesma função, de apresentar o resultado de algum levantamento ou pesquisa?

9. Os dois textos a seguir trazem instruções ou recomendações ao público-alvo. Leia as instruções de cada um.

(!) Use sempre capacete certificado pelo Inmetro, afivelado e com adesivo reflexivo.

(!) Opte por luvas de couro, calçados fechados e resistentes e roupas que facilitem a sua visualização pelos outros motoristas.

(!) Mantenha uma distância segura do veículo da frente, evitando os pontos cegos.

(!) Ultrapasse sempre pela esquerda e nunca em curvas.

(!) Respeite sempre a sinalização.

(!) Atenção redobrada em cruzamentos e semáforos, mesmo que a preferência seja sua.

(!) Mantenha o farol aceso mesmo de dia e nunca se esqueça de dar seta.

(!) Nunca dirija alcoolizado ou sob efeito de outras drogas.

(!) Antes de sair, revise itens básicos como freios, pneus, correntes, faróis e lanternas.

- **PEDESTRE**
  Atravesse sempre na faixa
  Utilize as passarelas
  Ande pela calçada
  Não deixe o celular tirar sua atenção

- **MOTOCICLISTA**
  Use o capacete e as roupas de proteção
  Não ultrapasse nas curvas, nem costure os carros
  Não pilote depois de beber
  Respeite sempre o semáforo

- **CICLISTA**
  Use os equipamentos de segurança
  Sinalize com o braço quando for mudar de pista
  Não use fones de ouvido
  Não ande na contramão

- **MOTORISTA**
  Respeite os limites de velocidade
  Não use o celular na direção
  Use o cinto de segurança também no banco de trás
  Se beber, não dirija

(Disponível em: http://www.segurancanotransito.sp.gov.br/Home/FacaParte. Acesso em: 15/2/2019.)

a) Qual é o objetivo das recomendações detalhadas nos textos?

____

____

b) Em que modo verbal estão os verbos das recomendações?

____

c) Tendo em vista essas recomendações, discuta com os colegas e responda: Por que se optou por um gênero que permite que o texto seja entregue individualmente às pessoas?

____

____

____

____

10. Observe a linguagem dos dois textos e responda: Qual é a variedade linguística utilizada?

11. Reúna-se com seus colegas de grupo e, juntos, concluam: Quais são as características básicas do fôlder e do *flyer*? Caso haja diferenças, identifique-as. Respondam, levando em conta os critérios a seguir.

- finalidade do gênero:
- perfil dos interlocutores:
- suporte/veículo:
- tema:
- estrutura:
- linguagem:

Agora é a sua vez

Você e seus colegas estão preparando uma campanha de conscientização sobre respeito ao próximo, chamada **Respeito é bom e todo o mundo gosta**, a ser realizada no capítulo **Oficina de Criação**. Logo, é necessário produzir peças publicitárias para essa campanha: anúncios em vídeo e áudio, anúncio, fôlder, etc.

A seguir, apresentamos três propostas de produção. A turma deve se organizar em três grandes grupos, cada um responsável por uma proposta. Cada uma das propostas enfoca o respeito a um determinado grupo ou a defesa de uma causa de interesse social. Vocês podem debater outros subtemas relacionados à temática do respeito ao próximo, relevantes para a turma ou para a escola, e produzir os textos com base nesses outros subtemas.

Lucas Lacaz Ruiz/Folhapress

Lembrem-se: todos os textos produzidos são de uma mesma campanha. Por isso, o tema da campanha deve aparecer em todos eles. Vocês também podem criar um logotipo e uma identidade visual (usando uma paleta de cores, os mesmos tipos de letra, criando personagens, etc.) para a campanha.

Proposta 1

Elaborem um anúncio publicitário, inserido na campanha **Respeito é bom e todo o mundo gosta**, que aborde o respeito entre colegas da escola e o *bullying*.

Pensem onde vão publicar os anúncios: se vão afixá-los nas paredes da escola no dia do lançamento da campanha, se vão enviar via *e-mail*, SMS ou aplicativos de mensagens pela Internet, se vão publicar no *site* da escola ou no *blog* da turma.

Proposta 2

Elaborem um vídeo e/ou um *podcast* que aborde o respeito aos mais velhos, sugerindo ações necessárias a essa atitude respeitosa, como dar preferência, ajudar a se locomover, a usar novas tecnologias, etc., e aprender com pessoas mais velhas, valorizando sua experiência de vida.

Ambos podem ser reproduzidos no dia de lançamento da campanha e também ser divulgados nas redes sociais e enviados por meio de aplicativos de mensagens pela Internet.

Proposta 3

Dividam-se em grupos, de forma que cada grupo fique responsável por elaborar uma das peças: um fôlder, um *flyer* e um panfleto, que defendam o respeito ao meio ambiente e ao trabalho das pessoas que limpam os espaços, principalmente na escola e seus arredores: manter espaços limpos e organizados, em respeito ao coletivo. Tragam orientações aos destinatários sobre como preservar os ambientes que frequentam.

Trabalhem coletivamente com toda a classe, a fim de planejar quais informações são as essenciais, e que, portanto, devem estar em todas as peças, e quais são menos importantes, podendo constar apenas no fôlder. Combinem uma paleta de cores, os tipos de letra, os símbolos e o *slogan* que vão utilizar, criando uma identidade para os textos. Por fim, planejem qual é a melhor situação para entregar ou disponibilizar cada um (distribuir na porta da escola, deixar no balcão da secretaria, entregar em mãos aos familiares e amigos, etc.). Planejem a impressão ou reprodução dos textos em quantidade suficiente para serem distribuídos ao público da campanha.

Planejamento do texto

- Planejem os textos, pensando em argumentos que possam convencer os destinatários sobre a importância do respeito.
- Pensem no perfil do interlocutor: alunos, professores e funcionários da escola, familiares, amigos e pessoas da comunidade.
- No caso dos anúncios impressos e do fôlder, criem um enunciado principal curto e chamativo, capaz de expressar a ideia central (vocês podem ou não criar títulos).
- Tentem criar, para o enunciado principal, uma frase com ambiguidades, trocadilhos, sonoridades, ironias, metáforas, etc.
- Se necessário, criem um texto complementar, explicando os objetivos da campanha e a importância de aderir a ela.
- No caso do fôlder ou *flyer*, enumerem breves instruções ou orientações aos interlocutores.

- Empreguem uma linguagem clara, direta e objetiva, de acordo com a norma-padrão ou com variações de acordo com o perfil do público da campanha e seu objetivo.
- Utilizem uma ou mais imagens para compor o anúncio e o fôlder ou *flyer*, lembrando que o texto verbal, as imagens e os recursos gráficos devem se complementar para construir o sentido pretendido. Vocês podem escolher fotos recortadas de jornais e revistas, tirar suas próprias fotos ou criar as ilustrações manual ou digitalmente.
- No caso do vídeo, façam um roteiro antes de gravar as cenas: pensem quais cenas vão compor o vídeo, a ordem em que vão aparecer, se haverá personagens conversando entre si ou com o público ou se haverá um locutor.
- Para as gravações, escolham os locais e os visitem antes para checar a disponibilidade e se tudo está de acordo com o planejado.
- Para o anúncio em áudio, planejem o texto previamente. Pensem no modo de se dirigir ao público, nos argumentos a serem utilizados e como vão se referir à campanha da classe.
- Ensaiem antes, tanto as cenas do vídeo como as falas para o áudio.
- Façam a edição do vídeo e do áudio.

Revisão e reescrita

Antes de finalizar os textos, observem:

- se todos fazem referência à campanha de conscientização sobre o respeito;
- se o anúncio e o fôlder ou *flyer* apresentam um título atraente e um enunciado principal criativo;
- se o anúncio e o fôlder ou *flyer* apresentam imagens e recursos gráficos adequados aos objetivos de cada um dos textos e se eles complementam a parte verbal;
- se todos os textos apresentam argumentos convincentes e dão orientações sobre como participar da campanha;
- se os verbos estão principalmente no modo imperativo quando se pretende orientar o destinatário;
- se a linguagem é clara, objetiva e persuasiva e se está de acordo com os interlocutores e os objetivos de cada texto.

Façam as alterações necessárias, deixando o texto pronto para ser utilizado no projeto **Oficina de Criação** desta unidade.

CAPÍTULO 3

AS CARTAS ARGUMENTATIVAS: CARTA DE SOLICITAÇÃO E CARTA DE RECLAMAÇÃO

O gênero em foco

As cartas argumentativas são aquelas que, diferentemente das cartas pessoais, tratam de assuntos de interesse coletivo, relacionados a temas da vida social. Entre as cartas argumentativas estão as cartas de solicitação e de reclamação.

Beto Barata/Agência Estado

Carta argumentativa de solicitação

Leia a carta de solicitação abaixo, veiculada em um *site*.

https://peticaopublica.com.br/pview.aspx?pi=BR104576

Solicitação de faixa de pedestre elevada — mais segurança

Para: PREFEITURA MUNICIPAL FOZ DO IGUAÇU — PR

Assunto: Pedido para a construção de uma FAIXA ELEVADA PARA TRAVESSIA DE PEDESTRES

Na Avenida Costa e Silva 1850, em frente ao Colégio C., não existe sinalização eficiente e há grande fluxo de pais, crianças e usuários [de] transporte coletivo.

Devido ao crescimento dos bairros próximos, somado ao fato de ser uma via longa, asfaltada e bem próxima à RODOVIÁRIA INTERNACIONAL DE FOZ DO IGUAÇU, o fluxo de veículos leves e pesados aumentou consideravelmente, o que tornou o local perigoso, principalmente nos horários de pico, que coincidem com os horários de entrada e saída do Colégio C.

Mesmo com o aumento considerável no tráfego, nenhuma medida de segurança foi implantada pela Secretaria de Trânsito FOZTRANS, colocando em risco a vida de crianças e adultos que transitam pelo local.

Carros, motos e caminhões que por ali passam ignoram o fato de haver uma travessia de pedestres (meio apagada) que dá acesso a um bairro. Do outro lado fica a Rodoviária da Cidade. Os pais ou responsáveis e demais pedestres precisam driblar os veículos que não respeitam o pedestre.

É muito difícil atravessar a Avenida, porque os carros passam em alta velocidade e em várias situações os pedestres ficam por minutos aguardando a boa vontade dos motoristas para poder atravessar a Avenida Costa e Silva.

Por motivos de segurança, se faz urgente a construção de uma FAIXA ELEVADA PARA TRAVESSIA DE PEDESTRES, conforme previsto na Resolução 495/2014 do CONTRAN (Conselho Nacional de Trânsito) assim como já existem na Avenida José Maria de Brito e na Avenida Mario Filho, dentre outros locais da cidade.

Assim sendo, SOLICITAMOS A INSTALAÇÃO DE UMA FAIXA ELEVADA PARA TRAVESSIA DE PEDESTRES, por ser de interesse público e pelo fato da sinalização existente não ser respeitada assim como o limite de velocidade e preferência a ciclistas e pedestres, conforme previsto na Resolução 39/1998 do CONTRAN.

Quinta-feira, 20 de Setembro de 2018 — 12:40

Pais e alunos do Colégio C.

(Adaptado de: https://peticaopublica.com.br/pview.aspx?pi=BR104576. Acesso em: 21/2/2019.)

1. O texto lido é uma carta; portanto, apresenta algumas características do gênero. Quais são elas?

2. Há algumas diferenças na estrutura da carta em relação à carta pessoal manuscrita.

a) Quais são as diferenças na estrutura da carta lida?

b) A carta lida foi enviada por um *site* de solicitações e abaixo-assinados na Internet. Quais das diferenças observadas decorrem do meio em que a carta foi escrita?

3. Direcionada à Prefeitura Municipal de Foz do Iguaçu, a carta faz uma solicitação a esse órgão.

a) Qual é a solicitação?

b) O que o remetente aponta como o principal motivo para justificar a necessidade do que é solicitado?

c) Que consequências, geradas pela atual situação, o remetente apresenta para justificar seu pedido?

d) Quais argumentos o remetente utiliza para reforçar o pedido?

4. Para reforçar sua solicitação, o autor cita alguns documentos oficiais. Levante hipóteses: Qual é a contribuição dessas referências para a argumentação da carta?

5. A carta foi digitada e enviada pela Internet.

a) Que recursos gráficos o autor utiliza para destacar trechos da carta?

b) Levante hipóteses: Qual é o critério utilizado pelo autor para escolher os trechos a serem destacados na carta?

Reprodução/<https://www.amnesty.org.au>

c) Considerando que a carta circulou na Internet, o uso desse recurso deve ser feito com moderação, a fim de não causar ruído na interpretação. Explique essa afirmativa e discuta esse uso no contexto da carta lida.

6. Observe a linguagem empregada na carta.

a) Que variedade linguística predomina?

b) Em que pessoa gramatical o autor da carta se apresenta: 1ª ou 3ª pessoa? Qual é o efeito dessa opção no contexto da carta em estudo?

____

____

____

____

____

____

____

c) Que tempo verbal predomina no texto?

____

Carta argumentativa de reclamação

Leia este texto.

Quinta-feira, 27 de Agosto de 2015 — 10:48
À PREFEITURA DE JUAZEIRO DO NORTE — CEARÁ

NOSSO BAIRRO NÃO TEM PSF.

Minha esposa está na 10ª SEMANA DE GRAVIDEZ e ainda NÃO CONSEGUIMOS NENHUM atendimento para o início do Pré-natal. Fomos a outros Postos de Saúde da Família e nosso atendimento foi negado, a atendente informou que o PSF não poderia fazer o Pré-natal, porque somos de outro bairro.

Fomos então ao HOSPITAL SÃO LUCAS, que é o hospital para onde são encaminhadas as grávidas, e o médico que a atendeu falou que não podia fazer nada.

Retornamos para casa e minha esposa teve um sangramento. Retornamos ao HOSPITAL SÃO LUCAS, ela foi medicada, mas o médico foi categórico: NÃO PODEMOS FAZER O SEU PRÉ-NATAL AQUI.

Fomos então tentar buscar atendimento para o pré-natal em outro posto, explicamos a situação, a atendente consultou a médica, a Dra. S. G. Ela nos atendeu perfeitamente, mas informou que não poderia fazer o pré-natal, porque não somos do bairro atendido, mas mesmo não sendo do bairro atendido ela nos passou um encaminhamento para realização de exames.

Fomos à SECRETARIA DE SAÚDE e não agendaram os exames, mesmo nós informando todo o transtorno. Eles nos encaminharam para a agente de saúde do bairro que, por fim, recebeu a solicitação de exames. Até o momento (mais de 20 dias) não tivemos nenhuma resposta. Minha esposa continua sem atendimento PRÉ-NATAL.

Sem mais,
A. N.

(Adaptado de: https://cidadao.reclameaqui.com.br/252223/prefeitura-juazeiro-do-norte/paciente-sem-pre-natal-por-falta-de-posto-de-saude/. Acesso em: 21/2/2019.)

1. O texto lido é uma carta e, como tal, apresenta algumas características essenciais do gênero. Quais são elas?

2. Dentre as características comuns às cartas, esta não apresenta, no cabeçalho, o local. Sabendo que a carta foi postada em um *site* de reclamações, levante hipóteses: Por que não há o registro do local?

3. Qual é o principal objetivo da carta?

4. O autor da carta narra vários fatos que o levaram a escrever a reclamação.

   a) Por que ele usou essa estratégia?

   b) Em que tempo verbal está a maioria dos verbos empregados?

5. Além da reclamação, o autor faz alguma solicitação?

6. A carta foi enviada por um *site* de reclamações na Internet. Por que o autor da carta decidiu publicar no *site* e não enviar a carta diretamente à prefeitura?

7. O atendimento à saúde no setor público é direito de todo cidadão brasileiro.

a) Pela leitura da carta, o destinatário saberia em qual posto de saúde intervir para solucionar o problema?

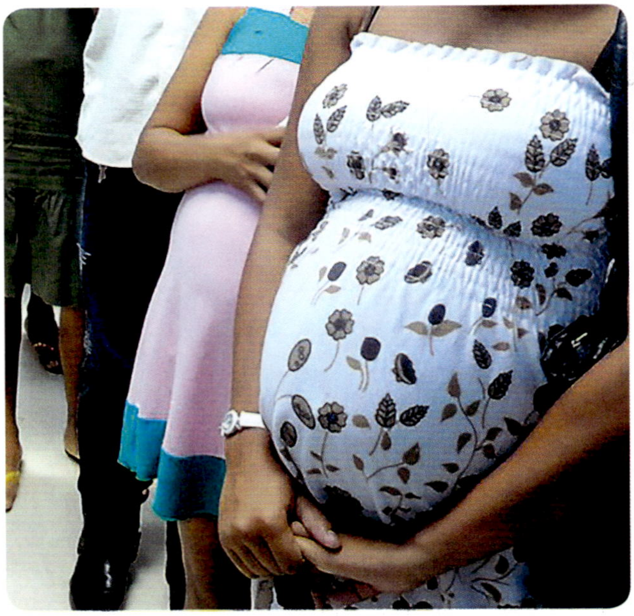
Reprodução/Sesau

b) O que o autor da carta poderia adicionar a seu texto para tornar a argumentação mais forte?

8. Observe a linguagem empregada na carta.

a) Que variedade linguística predomina?

b) Releia o seguinte trecho: "porque não somos do bairro atendido, mas mesmo não sendo do bairro atendido ela nos passou um encaminhamento para realização de exames". O trecho apresenta uma repetição que afeta a fluidez da leitura. Reescreva-o, eliminando a repetição.

c) Em que pessoa estão as formas verbais empregadas? Qual é o efeito desse uso no contexto da carta em estudo?

9. Reúna-se com os colegas de seu grupo e, juntos, concluam: Quais são as características básicas das cartas argumentativas de reclamação e de solicitação? Respondam, levando em conta os critérios a seguir.

- finalidade do gênero:

____

____

____

____

- perfil dos interlocutores:

____

____

____

- suporte/veículo:

____

- tema:

____

____

____

- estrutura:

____

____

____

____

____

- linguagem:

____

____

____

____

____

Agora é a sua vez

Como você já sabe, você e seus colegas vão organizar uma campanha de conscientização pelo respeito na escola, a ser produzida no capítulo **Oficina de Criação**. Para dar continuidade aos preparativos, vocês vão agora escrever cartas argumentativas para compor a campanha. Além de enviá-las aos órgãos responsáveis, exponham-nas no dia de lançamento da campanha e as publiquem na Internet ou enviem ao jornal da cidade.

Proposta 1

Solicitação

Seguindo a orientação do professor, defina com os colegas um problema que possa ser tema para a produção de uma carta de solicitação a ser dirigida à comunidade escolar, aos moradores do bairro ou da cidade ou à prefeitura. Sugerimos temas relacionados ao respeito ao outro e aos direitos da população.

Du Zuppani/Pulsar Imagens

A seguir, há sugestões de temas, mas vocês podem escolher outro, relacionado diretamente à escola, ao bairro ou à cidade onde vivem.

- Acessibilidade para pessoas com necessidades especiais
- Melhora na biblioteca da escola
- Congestionamento de carros na entrada e na saída da escola
- Melhoria na iluminação na região da escola
- Sinalização de trânsito nos arredores da escola
- Segurança nas proximidades da escola
- Limpeza dos espaços da escola ou dos arredores

Proposta 2

Reclamação

Escolha outro tema entre os recomendados na proposta 1 e escreva uma carta de reclamação.

Proposta 3

Direitos do consumidor

Você sabia que, como consumidores, todos nós temos direitos garantidos por leis? Temos o direito de pedir revisão de uma conta de água ou de luz cujos valores podem não corresponder ao nosso consumo, o direito de desistir de uma compra, o direito de ter o dinheiro de volta quando desistimos de um curso, e assim por diante.

É possível que você ou alguém de sua família esteja tendo, no momento, um problema relacionado a consumo, como uma conta de água ou de luz acima do normal, a necessidade de trocar uma mercadoria com defeito ou desistir de um curso ou de uma assinatura de TV, jornal ou revista, etc.

O Instituto Brasileiro de Defesa do Consumidor (Idec) orienta os consumidores sobre como proceder em cada situação.

Leia, a seguir, o modelo de carta fornecido pelo Idec para reclamação de contas de água.

Ikon Images/Getty Images

Shmizla/Shutterstock

(Local e data)

A (nome da empresa)
A/C (endereçar ao SAC — Serviço de Atendimento ao Consumidor — ou à diretoria da empresa responsável pelas reclamações dos usuários)

Prezados Senhores,

Sou usuário do serviço de fornecimento de água dessa empresa e constatei que o meu consumo de água, segundo os dados auferidos por seu funcionário, relativo ao(s) mês(es) de (especificar o mês ou os meses das contas presumidamente erradas), está em desacordo com o meu consumo real do produto.

Considerando que (indicar o motivo pelo qual acredita que não consumiu o volume de água, por exemplo, "em minha residência moram apenas três pessoas"), requisito que seja feita uma revisão de minha conta de água.

Atenciosamente,
(nome e assinatura)

(https://idec.org.br)

Com base no modelo de carta apresentado e fazendo as adaptações necessárias, redija uma carta argumentativa de reclamação e/ou de solicitação, reclamando do problema que você ou sua família vem enfrentando e/ou solicitando solução para ele.

De olho no pronome de tratamento

Use o pronome de tratamento adequado, de acordo com o cargo ou a posição do interlocutor:

- **Vossa Excelência (V. Ex.ª)** para o/a presidente da República, senadores/as da República, ministros/as de Estado, governadores/as, deputados/as federais e estaduais, prefeitos/as, embaixadores/embaixadoras e cônsules; para o/a presidente da República usa-se o pronome de tratamento por extenso, nunca abreviado.
- **Vossa Senhoria (V. S.ª)** para todas as autoridades, exceto aquelas para as quais se usa o tratamento **Vossa Excelência**.

Planejamento do texto

- Exponha(m) claramente o problema que é o motivo da reclamação ou da solicitação. Faça(m) uma análise do problema, referindo-se a eventuais causas e consequências dele.
- Apresente(m) argumentos convincentes, capazes de conseguir o apoio do interlocutor. Deixe(m) claras as vantagens que a resolução do problema trará para a comunidade.
- Dependendo da natureza da carta, faça(m) sugestões para a resolução do problema.
- Empregue(m) uma linguagem de acordo com a norma-padrão. Se utilizar(em) pronomes de tratamento, use(m) o mais adequado.
- Fique(m) atento(s) para as características de cada carta, entre elas informações como local e data, vocativo, assunto, despedida e assinatura.

Thais Circelli/Arquivo da editora

Revisão e reescrita

Antes de finalizar a carta, observe(m):

- se ela apresenta a estrutura padrão própria da carta produzida;
- se a denúncia, reclamação ou reivindicação é feita de forma clara e se o problema é analisado adequadamente;
- se os argumentos são convincentes e fundamentam bem a reclamação ou reivindicação e, ao mesmo tempo, são capazes de sensibilizar o interlocutor;
- se a linguagem está de acordo com a norma-padrão e com um grau de formalidade compatível com o perfil do interlocutor.

Depois de passar as cartas a limpo, faça(m) o encaminhamento delas ao destinatário.

Guardem cópias das cartas para expor no lançamento da campanha **Respeito é bom e todo o mundo gosta**, que deverá ser realizada na **Oficina de Criação** desta unidade.

Para escrever com adequação

A informatividade

Leia a história em quadrinhos a seguir, do quadrinista argentino Nik.

Gaturro, Nik © 2006 Nik/Dist. by Andrews McMeel Syndication

1. O gato Gaturro está na companhia da família com a qual vive. O pai e a mãe conversam sobre a pintura da casa, em especial a do quartinho dos fundos. Qual é o plano do pai para o quartinho?

2. A expressão *family room* pode ser traduzida por "sala familiar", "sala de estar" ou "sala íntima". O pintor diz à mulher que deu ao quartinho um "toque familiar". O que a expressão facial das personagens demonstra no 2º quadrinho?

____

3. Observe o 3º quadrinho.

a) Qual é o sentido da palavra **familiar** na reflexão que Gaturro fez?

____

____

____

b) O sentido de **familiar**, na reflexão de Gaturro, é o mesmo que tem na fala da mãe, em "toque familiar", no 1º quadrinho? Explique.

____

____

____

4. Observe a pintura abaixo, de Van Gogh.

O quarto (1888), de Van Gogh.

a) No último quadrinho, o pintor de paredes tem na mão um livro sobre o artista Van Gogh. Considerando esse fato, que sentido ganha a fala da personagem ao afirmar que deu um "toque familiar" ao quarto?

b) Como a palavra **familiar**, as palavras **pintor** e **pintar** também ganham duplo sentido na história. Quais são esses sentidos?

Ao ler a história em quadrinhos de Nik, você deve ter se perguntado se a leitura dela seria a mesma caso o leitor não conhecesse a pintura que Van Gogh fez do próprio quarto. Certamente a história de Nik possibilita a todos os leitores um nível mínimo de compreensão, apoiada na pista correspondente ao livro sobre Van Gogh que o pintor de paredes tem na mão. Contudo, o leitor que tem conhecimento prévio da pintura de Van Gogh poderá, sem dúvida, fazer uma leitura mais rica e aprofundada dos quadrinhos de Nik.

Como você pode notar, a leitura, a compreensão e a interpretação de um texto, verbal ou não verbal, dependem em grande parte do grau de **informatividade** que ele contém, isto é, do conjunto de informações que ele veicula. Assim, a história em quadrinhos de Nik, por apresentar certo grau de informatividade, pode ser compreendida com profundidade apenas por uma parte do público.

Quando escrevemos, não é diferente. Se quisermos ser compreendidos por todos os nossos leitores, precisaremos adequar o grau de informatividade do texto ao perfil dos interlocutores aos quais ele se destina. Um texto científico dirigido a crianças, por exemplo, deverá ter um grau de informatividade baixo. Entretanto, se for dirigido a cientistas, certamente deverá apresentar um grau de informatividade elevado.

Os leitores preferem geralmente textos com grau de informatividade médio. Isso porque, sempre que lemos, desejamos saber alguma coisa nova — por essa razão o texto não pode ter um grau de informatividade muito baixo — e porque não temos conhecimentos aprofundados sobre a maioria dos assuntos — por isso o texto não pode ter um grau de informatividade muito alto.

Exercícios

O texto que segue foi produzido por um estudante do ensino médio e está reproduzido na sua forma original. Leia-o, observando o grau de informatividade que apresenta.

Caso precário

No mundo atual, milhares de indivíduos estão saindo do seu país natal e deslocando-se para o Brasil. Tomam essa decisão, de deixar famílias, amigos e parentes, no intuito de trabalhar e conquistar uma vida melhor para a sua sobrevivência.

Esses seres humanos estão por toda parte no nosso país. Em ruas, praias e empresas, vendendo de tudo para se manter. Infelizmente, essas ocorrências são desagradáveis, pois precisam fugir de guerras, pobreza e crises para continuar a sua motivação de vida. Para algumas pessoas, isso pode ser algo aprazível, mas para outras não.

A migração está evoluindo cada vez mais, todos os dias em função dos aspectos humanistas. Cada pessoa é única e a sua vida deve ser construída de maneira que resulte em sucesso e tranquilidade. Nada é fácil atualmente, mas não podemos desanimar. A luta de hoje, será o sucesso de amanhã.

(Disponível em: https://educacao.uol.com.br/bancoderedacoes/redacoes/um-caso-precario.htm. Acesso em: 24/2/2019.)

1. No primeiro parágrafo, o autor apresenta o tema de seu texto. Qual é o tema tratado?

____

____

2. O autor tenta explicar a causa desse fenômeno e sua consequência.

a) Qual é a causa, segundo ele?

____

b) Qual é a consequência?

____

____

3. Releia esta afirmação:

"Para algumas pessoas, isso pode ser algo aprazível, mas para outras não."

a) O que o pronome **isso** retoma?

____

____

____

Gabriel Cabral/Folhapress

b) Essa afirmação é vaga ou precisa? O autor explica como a situação seria aprazível ou não?

4. Releia esta afirmação:

> "A migração está evoluindo cada vez mais, todos os dias em função dos aspectos humanistas."

a) Pelo contexto, o que parece ser a "evolução da migração"?

b) É possível depreender, pelo texto, o que são os aspectos humanistas?

c) Logo, fica clara a relação que o autor estabelece entre aumento da migração e aspectos humanistas?

5. Analise o parágrafo de conclusão como um todo e responda: Nesse parágrafo, o autor aborda a problemática da migração de maneira específica ou faz afirmações genéricas?

6. Em relação ao modo como o tema da migração é tratado no texto, responda:

a) O autor apresenta uma análise aprofundada do tema, apontando causas e consequências específicas e desenvolvendo cada uma delas?

b) O autor apresenta uma solução ou faz alguma sugestão para amenizar os problemas decorrentes da imigração?

7. O texto lido é uma dissertação escolar, na qual se deve empregar uma linguagem clara, objetiva e de acordo com a norma-padrão. A linguagem do texto está de acordo com a norma? Justifique sua resposta.

8. Com relação ao grau de informatividade do texto, responda: Ele é alto ou baixo? Que consequências isso traz para o texto?

Repertório cultural

Durante nossa vida, adquirimos muitos conhecimentos. Isso ocorre por meio de vivências como viagens, leituras e visitas a museus que fazemos, filmes e peças teatrais a que assistimos, etc.

Esse conjunto de conhecimentos, ao qual se denomina **repertório cultural**, tem um papel decisivo na leitura e na interpretação de textos verbais e não verbais. Assim, quanto maior é o repertório cultural do leitor, mais bem preparado ele está para ler com profundidade os diferentes textos que circulam socialmente.

Na tira ao lado, por exemplo, se não conhecer o conto "O patinho feio", o leitor não terá condições de compreender o humor resultante da afirmação dos bois de que a girafa é um plágio (imitação) do patinho feio.

Na tira seguinte, caso o leitor não conheça o conto "Chapeuzinho Vermelho", também terá dificuldades de compreender a situação retratada no último quadro. Além disso, conhecimentos de mundo sobre a adolescência e conhecimentos linguísticos sobre gírias, como "Que mico!", precisam ser acionados para a compreensão dos quadrinhos.

(*Folha de S. Paulo*, 15/12/2017.)

(*Folha de S. Paulo*, 22/7/2011.)

Projeto ▸ Respeito é bom e todo o mundo gosta

Produzindo as cópias dos textos publicitários

Ao longo desta unidade, você produziu textos para uma campanha de conscientização pelo respeito. Agora chegou a hora de fazer o lançamento oficial da campanha, que deve mobilizar a escola. Preparem a reprodução das gravações dos debates, divulguem os textos publicitários e exponham as cartas argumentativas. Vocês também poderão convidar professores e outros alunos para a realização de novos debates ou palestras.

Deem à campanha o título **Respeito é bom e todo o mundo gosta** ou outro, escolhido pela turma.

- Reúnam os anúncios, fôlderes, *flyers*, panfletos, vídeos e áudios produzidos. Planejem como cada um dos gêneros será veiculado na campanha: anúncios em cartazes pela escola, distribuição de fôlderes, *flyers* e panfletos em alguns locais da escola, vídeo e áudio por rede social, rádio da escola ou da cidade, *site* da escola ou *blog* da turma, etc.
- Façam as cópias dos textos em quantidade suficiente para distribuí-los a boa parte da comunidade escolar.
- Escolham um dia para o lançamento da campanha e convidem com antecedência as outras turmas, professores, funcionários, familiares e amigos.
- Planejem uma identidade visual para a campanha, com cores que a simbolizem. No dia do lançamento, toda a classe pode combinar de vestir a mesma cor ou usar um laço de fita na camiseta com as cores escolhidas.

Marcelo Barabani/Agência Estado

Organizando a reprodução dos debates

- Organizem as sessões de reprodução das gravações dos debates realizados pela turma.
- Divulguem horários e organizem o espaço para a reprodução com telão ou televisão e Datashow. Outra opção é compartilhar as gravações pela Internet.
- Após a reprodução dos debates já realizados, abram espaço para perguntas e comentários do público para que as questões continuem a ser debatidas pela comunidade escolar.
- Se possível, organizem novos debates com a participação de outras turmas e professores.
- Além dos debates, vocês podem organizar palestras com professores e especialistas sobre o tema da inclusão.

Thais Circelli/Arquivo da editora

Expondo as cartas argumentativas

- Reúnam as cartas argumentativas escritas pela turma.
- Caso haja respostas dos órgãos destinatários, reúnam-nas também.
- Montem painéis com as cartas e suas respostas, se houver. Vocês podem organizá-las por tema.
- Deem títulos aos painéis, como "Solicitar e reclamar por mais respeito" ou "Como exigir respeito".
- Exponham os painéis no dia do lançamento da campanha.

Thaís Circelli/Arquivo da editora

Lançando a campanha

- Preparem o ambiente escolar para o grande dia.
- Escolham músicas para reproduzir e chamar a atenção do público.
- Vocês também podem criar palavras de ordem sobre respeito para mobilizar a comunidade escolar: pode ser uma palavra, uma expressão ou uma frase curta repetida em protestos ou manifestações com o objetivo de marcar uma posição, reivindicar alguma mudança e incentivar o grupo.
- Afixem painéis e anúncios, distribuam fôlderes, *flyers* e panfletos e compartilhem os vídeos e áudios produzidos.

Thaís Circelli/Arquivo da editora

BIBLIOGRAFIA

ANTUNES, Irandé. Avaliação da produção textual no ensino médio. In: BUNZEN, C.; MENDONÇA, M. *Português no ensino médio e formação do professor*. São Paulo: Parábola Editorial, 2006.

ARAÚJO, Júlio César (Org.). *Internet e ensino*: novos gêneros, outros desafios. Rio de Janeiro: Lucerna, 2007.

BAGNO, M. *Sete erros aos quatro ventos*: a variação linguística no ensino de português. São Paulo: Parábola Editorial, 2013.

BAKHTIN, Mikhail. Os gêneros do discurso. In: _______. *Estética da criação verbal*. São Paulo: Martins Fontes, 1997.

_______. *Marxismo e filosofia da linguagem*. São Paulo: Hucitec, 1979.

BARBOSA, Jaqueline Peixoto. Outras mídias e linguagens na escola. In: *Materiais didáticos*: escolha e uso. Boletim 14, agosto de 2005. TV Escola — Salto para o Futuro, MEC. Disponível em: http://tvbrasil.org.br/fotos/salto/ series/151007MateriaisDidaticos.pdf.

BRASIL. Ministério da Educação. Secretaria de Educação Básica. União Nacional dos Dirigentes Municipais da Educação. Conselho Nacional de Secretarias de Educação. *Base Nacional Comum Curricular*. Versão final. Dezembro de 2018. Disponível em: http://basenacionalcomum.mec.gov.br/images/BNCC_EI_EF_110518_versaofinal_site.pdf.

BUZATO, Marcelo. *Letramentos digitais e formação dos professores*. Disponível em: www.educared.org/educa/img_ conteudo/marcelobuzato.pdf.

COSCARELLI, Carla V. (Org.). *Tecnologias para aprender*. São Paulo: Parábola, 2016.

_______; RIBEIRO, Ana E. *Letramento digital*: aspectos sociais e possibilidades pedagógicas. Belo Horizonte: Ceale/Autêntica, 2011.

DIONÍSIO, Ângela P.; MACHADO, Anna R.; BEZERRA, Maria A. *Gêneros textuais & ensino*. Rio de Janeiro: Lucerna, 2002.

FARIA, Maria Alice de Oliveira. *O jornal na sala de aula*. São Paulo: Contexto, 1989.

FREITAS, Maria Teresa. Letramento digital e formação de professores. In: *Educação em Revista*. Belo Horizonte, v. 26, n. 3, p. 335-352, dez. 2010. Disponível em: www.scielo.br/pdf/edur/v26n3/v26n3a17.pdf.

HARRYS, Ray; HARRYS, Chris. *Faça seu próprio jornal*. Campinas: Papirus, 1993.

HERR, Nicole. *100 fichas práticas para explorar o jornal na sala de aula*. Belo Horizonte: Dimensão, 1997.

ILARI, Rodolfo; BASSO, Renato. *O português da gente*: a língua que estudamos, a língua que falamos. 2. ed. São Paulo: Contexto, 2009.

KLEIMAN, A. Modelos de letramento e as práticas de alfabetização na escola. In: _______ (Org.). *Os significados do letramento*: uma nova perspectiva sobre a prática social da escrita. Campinas: Mercado de Letras, 1995. p. 15-16.

MARCUSCHI, Luiz Antônio. *Produção textual, análise de gêneros e compreensão*. São Paulo: Parábola, 2008.

_______; XAVIER, Antônio Carlos. *Hipertexto e gêneros digitais*. Rio de Janeiro: Lucerna, 2004.

MORAN, José Manuel. *Mudar a forma de ensinar e de aprender com tecnologias*. Disponível em: www.eca.usp.br/prof/moran/uber.htm.

RABAÇA, C. A.; BARBOSA, G. *Dicionário de comunicação*. São Paulo: Ática, 1987.

ROJO, Roxane (Org.). *Escol@ conectada*: os multiletramentos e as TICs. São Paulo: Parábola, 2013.

_______; MOURA, Eduardo. *Multiletramento na escola*. São Paulo: Parábola, 2012.

SCHNEUWLY, Bernard; DOLZ, Joaquim. *Gêneros orais e escritos na escola*. Trad. de Roxane Rojo e Glaís Cordeiro. Campinas-SP: Mercado de Letras, 2004.

TORNIGHI, Alberto. O que é cultura digital. In: *Cultura digital e escola*. Boletim 10, agosto de 2010. TV Escola — Salto para o Futuro, MEC. Disponível em: http://tvbrasil.org.br/fotos/salto/series/13431810 Culturadigitaleescola.pdf.

ZANCHETTA Jr., Juvenal. *Para ler e fazer o jornal na sala de aula*. São Paulo: Contexto, 2002.

Nome

Nº

Ano

Período

Data

Para a eventual escrita ou reescrita do texto, devem ser observados os seguintes aspectos:

Elementos linguísticos	Textualidade	Elementos enunciativos
☐ escolha lexical	☐ paragrafação	☐ abordagem do tema
☐ concordância verbal e concordância nominal	☐ coerência textual	☐ adequação ao gênero
☐ regência verbal e regência nominal	☐ coesão textual	☐ intencionalidade do texto
☐ colocação pronominal	☐ informatividade	☐ adequação ao perfil do interlocutor e ao contexto
☐ pontuação	☐ conectividade	☐ estrutura padrão do gênero
☐ ortografia, acentuação	☐ continuidade e progressão textual	☐ variedade linguística/norma-padrão
☐ crase		☐ formalidade/informalidade
☐ pessoas do discurso		☐ adequação ao suporte
☐ clareza		☐ desenvolvimento de ideias

Nome

Nº

Ano

Período

Data

Para a eventual escrita ou reescrita do texto, devem ser observados os seguintes aspectos:

Elementos linguísticos	Textualidade	Elementos enunciativos
escolha lexical	paragrafação	abordagem do tema
concordância verbal e concordância nominal	coerência textual	adequação ao gênero
regência verbal e regência nominal	coesão textual	intencionalidade do texto
colocação pronominal	informatividade	adequação ao perfil do interlocutor e ao contexto
pontuação	conectividade	estrutura padrão do gênero
ortografia, acentuação	continuidade e progressão textual	variedade linguística/norma-padrão
crase		formalidade/informalidade
pessoas do discurso		adequação ao suporte
clareza		desenvolvimento de ideias

Nome

Nº

Ano

Período

Data

Para a eventual escrita ou reescrita do texto, devem ser observados os seguintes aspectos:

Elementos linguísticos	Textualidade	Elementos enunciativos
☐ escolha lexical ☐ concordância verbal e concordância nominal ☐ regência verbal e regência nominal ☐ colocação pronominal ☐ pontuação ☐ ortografia, acentuação ☐ crase ☐ pessoas do discurso ☐ clareza	☐ paragrafação ☐ coerência textual ☐ coesão textual ☐ informatividade ☐ conectividade ☐ continuidade e progressão textual	☐ abordagem do tema ☐ adequação ao gênero ☐ intencionalidade do texto ☐ adequação ao perfil do interlocutor e ao contexto ☐ estrutura padrão do gênero ☐ variedade linguística/norma-padrão ☐ formalidade/informalidade ☐ adequação ao suporte ☐ desenvolvimento de ideias

Nome

Nº

Ano

Período

Data

Para a eventual escrita ou reescrita do texto, devem ser observados os seguintes aspectos:

Elementos linguísticos	Textualidade	Elementos enunciativos
☐ escolha lexical	☐ paragrafação	☐ abordagem do tema
☐ concordância verbal e concordância nominal	☐ coerência textual	☐ adequação ao gênero
☐ regência verbal e regência nominal	☐ coesão textual	☐ intencionalidade do texto
☐ colocação pronominal	☐ informatividade	☐ adequação ao perfil do interlocutor e ao contexto
☐ pontuação	☐ conectividade	☐ estrutura padrão do gênero
☐ ortografia, acentuação	☐ continuidade e progressão textual	☐ variedade linguística/norma-padrão
☐ crase		☐ formalidade/informalidade
☐ pessoas do discurso		☐ adequação ao suporte
☐ clareza		☐ desenvolvimento de ideias

Nome

Nº

Ano

Período

Data

Para a eventual escrita ou reescrita do texto, devem ser observados os seguintes aspectos:

Elementos linguísticos	Textualidade	Elementos enunciativos
☐ escolha lexical ☐ concordância verbal e concordância nominal ☐ regência verbal e regência nominal ☐ colocação pronominal ☐ pontuação ☐ ortografia, acentuação ☐ crase ☐ pessoas do discurso ☐ clareza	☐ paragrafação ☐ coerência textual ☐ coesão textual ☐ informatividade ☐ conectividade ☐ continuidade e progressão textual	☐ abordagem do tema ☐ adequação ao gênero ☐ intencionalidade do texto ☐ adequação ao perfil do interlocutor e ao contexto ☐ estrutura padrão do gênero ☐ variedade linguística/norma-padrão ☐ formalidade/informalidade ☐ adequação ao suporte ☐ desenvolvimento de ideias

Nome

Nº

Ano

Período

Data

Para a eventual escrita ou reescrita do texto, devem ser observados os seguintes aspectos:

Elementos linguísticos	Textualidade	Elementos enunciativos
☐ escolha lexical ☐ concordância verbal e concordância nominal ☐ regência verbal e regência nominal ☐ colocação pronominal ☐ pontuação ☐ ortografia, acentuação ☐ crase ☐ pessoas do discurso ☐ clareza	☐ paragrafação ☐ coerência textual ☐ coesão textual ☐ informatividade ☐ conectividade ☐ continuidade e progressão textual	☐ abordagem do tema ☐ adequação ao gênero ☐ intencionalidade do texto ☐ adequação ao perfil do interlocutor e ao contexto ☐ estrutura padrão do gênero ☐ variedade linguística/norma-padrão ☐ formalidade/informalidade ☐ adequação ao suporte ☐ desenvolvimento de ideias

Nome

Nº

Ano

Período

Data

Para a eventual escrita ou reescrita do texto, devem ser observados os seguintes aspectos:

Elementos linguísticos	Textualidade	Elementos enunciativos
escolha lexical	paragrafação	abordagem do tema
concordância verbal e concordância nominal	coerência textual	adequação ao gênero
regência verbal e regência nominal	coesão textual	intencionalidade do texto
colocação pronominal	informatividade	adequação ao perfil do interlocutor e ao contexto
pontuação	conectividade	estrutura padrão do gênero
ortografia, acentuação	continuidade e progressão textual	variedade linguística/norma-padrão
crase		formalidade/informalidade
pessoas do discurso		adequação ao suporte
clareza		desenvolvimento de ideias

Nome

Nº

Ano

Período

Data

Para a eventual escrita ou reescrita do texto, devem ser observados os seguintes aspectos:

Elementos linguísticos	Textualidade	Elementos enunciativos
escolha lexical	paragrafação	abordagem do tema
concordância verbal e concordância nominal	coerência textual	adequação ao gênero
regência verbal e regência nominal	coesão textual	intencionalidade do texto
colocação pronominal	informatividade	adequação ao perfil do interlocutor e ao contexto
pontuação	conectividade	estrutura padrão do gênero
ortografia, acentuação	continuidade e progressão textual	variedade linguística/norma-padrão
crase		formalidade/informalidade
pessoas do discurso		adequação ao suporte
clareza		desenvolvimento de ideias

Nome

Nº

Ano

Período

Data

Para a eventual escrita ou reescrita do texto, devem ser observados os seguintes aspectos:

Elementos linguísticos	Textualidade	Elementos enunciativos
escolha lexical	paragrafação	abordagem do tema
concordância verbal e concordância nominal	coerência textual	adequação ao gênero
regência verbal e regência nominal	coesão textual	intencionalidade do texto
colocação pronominal	informatividade	adequação ao perfil do interlocutor e ao contexto
pontuação	conectividade	estrutura padrão do gênero
ortografia, acentuação	continuidade e progressão textual	variedade linguística/norma-padrão
crase		formalidade/informalidade
pessoas do discurso		adequação ao suporte
clareza		desenvolvimento de ideias

Nome

Nº

Ano

Período

Data

Para a eventual escrita ou reescrita do texto, devem ser observados os seguintes aspectos:

Elementos linguísticos	Textualidade	Elementos enunciativos
☐ escolha lexical	☐ paragrafação	☐ abordagem do tema
☐ concordância verbal e concordância nominal	☐ coerência textual	☐ adequação ao gênero
☐ regência verbal e regência nominal	☐ coesão textual	☐ intencionalidade do texto
☐ colocação pronominal	☐ informatividade	☐ adequação ao perfil do interlocutor e ao contexto
☐ pontuação	☐ conectividade	☐ estrutura padrão do gênero
☐ ortografia, acentuação	☐ continuidade e progressão textual	☐ variedade linguística/norma-padrão
☐ crase		☐ formalidade/informalidade
☐ pessoas do discurso		☐ adequação ao suporte
☐ clareza		☐ desenvolvimento de ideias

Nome

Nº

Ano

Período

Data

Para a eventual escrita ou reescrita do texto, devem ser observados os seguintes aspectos:

Elementos linguísticos	Textualidade	Elementos enunciativos
☐ escolha lexical	☐ paragrafação	☐ abordagem do tema
☐ concordância verbal e concordância nominal	☐ coerência textual	☐ adequação ao gênero
☐ regência verbal e regência nominal	☐ coesão textual	☐ intencionalidade do texto
☐ colocação pronominal	☐ informatividade	☐ adequação ao perfil do interlocutor e ao contexto
☐ pontuação	☐ conectividade	☐ estrutura padrão do gênero
☐ ortografia, acentuação	☐ continuidade e progressão textual	☐ variedade linguística/norma-padrão
☐ crase		☐ formalidade/informalidade
☐ pessoas do discurso		☐ adequação ao suporte
☐ clareza		☐ desenvolvimento de ideias

Nome

Nº

Ano

Período

Data

Para a eventual escrita ou reescrita do texto, devem ser observados os seguintes aspectos:

Elementos linguísticos	Textualidade	Elementos enunciativos
☐ escolha lexical	☐ paragrafação	☐ abordagem do tema
☐ concordância verbal e concordância nominal	☐ coerência textual	☐ adequação ao gênero
☐ regência verbal e regência nominal	☐ coesão textual	☐ intencionalidade do texto
☐ colocação pronominal	☐ informatividade	☐ adequação ao perfil do interlocutor e ao contexto
☐ pontuação	☐ conectividade	☐ estrutura padrão do gênero
☐ ortografia, acentuação	☐ continuidade e progressão textual	☐ variedade linguística/norma-padrão
☐ crase		☐ formalidade/informalidade
☐ pessoas do discurso		☐ adequação ao suporte
☐ clareza		☐ desenvolvimento de ideias

Nome

Nº

Ano

Período

Data

Para a eventual escrita ou reescrita do texto, devem ser observados os seguintes aspectos:

Elementos linguísticos	Textualidade	Elementos enunciativos
☐ escolha lexical	☐ paragrafação	☐ abordagem do tema
☐ concordância verbal e concordância nominal	☐ coerência textual	☐ adequação ao gênero
☐ regência verbal e regência nominal	☐ coesão textual	☐ intencionalidade do texto
☐ colocação pronominal	☐ informatividade	☐ adequação ao perfil do interlocutor e ao contexto
☐ pontuação	☐ conectividade	☐ estrutura padrão do gênero
☐ ortografia, acentuação	☐ continuidade e progressão textual	☐ variedade linguística/norma-padrão
☐ crase		☐ formalidade/informalidade
☐ pessoas do discurso		☐ adequação ao suporte
☐ clareza		☐ desenvolvimento de ideias

Nome

Nº

Ano

Período

Data

Para a eventual escrita ou reescrita do texto, devem ser observados os seguintes aspectos:

Elementos linguísticos	Textualidade	Elementos enunciativos
☐ escolha lexical	☐ paragrafação	☐ abordagem do tema
☐ concordância verbal e concordância nominal	☐ coerência textual	☐ adequação ao gênero
☐ regência verbal e regência nominal	☐ coesão textual	☐ intencionalidade do texto
☐ colocação pronominal	☐ informatividade	☐ adequação ao perfil do interlocutor e ao contexto
☐ pontuação	☐ conectividade	☐ estrutura padrão do gênero
☐ ortografia, acentuação	☐ continuidade e progressão textual	☐ variedade linguística/norma-padrão
☐ crase		☐ formalidade/informalidade
☐ pessoas do discurso		☐ adequação ao suporte
☐ clareza		☐ desenvolvimento de ideias

Nome

Nº

Ano

Período

Data

Para a eventual escrita ou reescrita do texto, devem ser observados os seguintes aspectos:

Elementos linguísticos	Textualidade	Elementos enunciativos
☐ escolha lexical	☐ paragrafação	☐ abordagem do tema
☐ concordância verbal e concordância nominal	☐ coerência textual	☐ adequação ao gênero
☐ regência verbal e regência nominal	☐ coesão textual	☐ intencionalidade do texto
☐ colocação pronominal	☐ informatividade	☐ adequação ao perfil do interlocutor e ao contexto
☐ pontuação	☐ conectividade	☐ estrutura padrão do gênero
☐ ortografia, acentuação	☐ continuidade e progressão textual	☐ variedade linguística/norma-padrão
☐ crase		☐ formalidade/informalidade
☐ pessoas do discurso		☐ adequação ao suporte
☐ clareza		☐ desenvolvimento de ideias

Nome

Nº

Ano

Período

Data

Para a eventual escrita ou reescrita do texto, devem ser observados os seguintes aspectos:

Elementos linguísticos	Textualidade	Elementos enunciativos
☐ escolha lexical	☐ paragrafação	☐ abordagem do tema
☐ concordância verbal e concordância nominal	☐ coerência textual	☐ adequação ao gênero
☐ regência verbal e regência nominal	☐ coesão textual	☐ intencionalidade do texto
☐ colocação pronominal	☐ informatividade	☐ adequação ao perfil do interlocutor e ao contexto
☐ pontuação	☐ conectividade	☐ estrutura padrão do gênero
☐ ortografia, acentuação	☐ continuidade e progressão textual	☐ variedade linguística/norma-padrão
☐ crase		☐ formalidade/informalidade
☐ pessoas do discurso		☐ adequação ao suporte
☐ clareza		☐ desenvolvimento de ideias

Nome

Nº

Ano

Período

Data

Para a eventual escrita ou reescrita do texto, devem ser observados os seguintes aspectos:

Elementos linguísticos	Textualidade	Elementos enunciativos
escolha lexical	paragrafação	abordagem do tema
concordância verbal e concordância nominal	coerência textual	adequação ao gênero
regência verbal e regência nominal	coesão textual	intencionalidade do texto
colocação pronominal	informatividade	adequação ao perfil do interlocutor e ao contexto
pontuação	conectividade	estrutura padrão do gênero
ortografia, acentuação	continuidade e progressão textual	variedade linguística/norma-padrão
crase		formalidade/informalidade
pessoas do discurso		adequação ao suporte
clareza		desenvolvimento de ideias

Nome

Nº

Ano

Período

Data

Para a eventual escrita ou reescrita do texto, devem ser observados os seguintes aspectos:

Elementos linguísticos	Textualidade	Elementos enunciativos
☐ escolha lexical	☐ paragrafação	☐ abordagem do tema
☐ concordância verbal e concordância nominal	☐ coerência textual	☐ adequação ao gênero
☐ regência verbal e regência nominal	☐ coesão textual	☐ intencionalidade do texto
☐ colocação pronominal	☐ informatividade	☐ adequação ao perfil do interlocutor e ao contexto
☐ pontuação	☐ conectividade	☐ estrutura padrão do gênero
☐ ortografia, acentuação	☐ continuidade e progressão textual	☐ variedade linguística/norma-padrão
☐ crase		☐ formalidade/informalidade
☐ pessoas do discurso		☐ adequação ao suporte
☐ clareza		☐ desenvolvimento de ideias

Nome

Nº

Ano

Período

Data

Para a eventual escrita ou reescrita do texto, devem ser observados os seguintes aspectos:

Elementos linguísticos	Textualidade	Elementos enunciativos
☐ escolha lexical	☐ paragrafação	☐ abordagem do tema
☐ concordância verbal e concordância nominal	☐ coerência textual	☐ adequação ao gênero
☐ regência verbal e regência nominal	☐ coesão textual	☐ intencionalidade do texto
☐ colocação pronominal	☐ informatividade	☐ adequação ao perfil do interlocutor e ao contexto
☐ pontuação	☐ conectividade	☐ estrutura padrão do gênero
☐ ortografia, acentuação	☐ continuidade e progressão textual	☐ variedade linguística/norma-padrão
☐ crase		☐ formalidade/informalidade
☐ pessoas do discurso		☐ adequação ao suporte
☐ clareza		☐ desenvolvimento de ideias

Nome

Nº

Ano

Período

Data

Para a eventual escrita ou reescrita do texto, devem ser observados os seguintes aspectos:

Elementos linguísticos	Textualidade	Elementos enunciativos
escolha lexical	paragrafação	abordagem do tema
concordância verbal e concordância nominal	coerência textual	adequação ao gênero
regência verbal e regência nominal	coesão textual	intencionalidade do texto
colocação pronominal	informatividade	adequação ao perfil do interlocutor e ao contexto
pontuação	conectividade	estrutura padrão do gênero
ortografia, acentuação	continuidade e progressão textual	variedade linguística/norma-padrão
crase		formalidade/informalidade
pessoas do discurso		adequação ao suporte
clareza		desenvolvimento de ideias

Nome

Nº

Ano

Período

Data

Para a eventual escrita ou reescrita do texto, devem ser observados os seguintes aspectos:

Elementos linguísticos	Textualidade	Elementos enunciativos
escolha lexical	paragrafação	abordagem do tema
concordância verbal e concordância nominal	coerência textual	adequação ao gênero
regência verbal e regência nominal	coesão textual	intencionalidade do texto
colocação pronominal	informatividade	adequação ao perfil do interlocutor e ao contexto
pontuação	conectividade	estrutura padrão do gênero
ortografia, acentuação	continuidade e progressão textual	variedade linguística/norma-padrão
crase		formalidade/informalidade
pessoas do discurso		adequação ao suporte
clareza		desenvolvimento de ideias

Nome

Nº

Ano

Período

Data

Para a eventual escrita ou reescrita do texto, devem ser observados os seguintes aspectos:

Elementos linguísticos	Textualidade	Elementos enunciativos
escolha lexical	paragrafação	abordagem do tema
concordância verbal e concordância nominal	coerência textual	adequação ao gênero
regência verbal e regência nominal	coesão textual	intencionalidade do texto
colocação pronominal	informatividade	adequação ao perfil do interlocutor e ao contexto
pontuação	conectividade	estrutura padrão do gênero
ortografia, acentuação	continuidade e progressão textual	variedade linguística/norma-padrão
crase		formalidade/informalidade
pessoas do discurso		adequação ao suporte
clareza		desenvolvimento de ideias

Nome

Nº

Ano

Período

Data

Para a eventual escrita ou reescrita do texto, devem ser observados os seguintes aspectos:

Elementos linguísticos	Textualidade	Elementos enunciativos
escolha lexical	paragrafação	abordagem do tema
concordância verbal e concordância nominal	coerência textual	adequação ao gênero
regência verbal e regência nominal	coesão textual	intencionalidade do texto
colocação pronominal	informatividade	adequação ao perfil do interlocutor e ao contexto
pontuação	conectividade	estrutura padrão do gênero
ortografia, acentuação	continuidade e progressão textual	variedade linguística/norma-padrão
crase		formalidade/informalidade
pessoas do discurso		adequação ao suporte
clareza		desenvolvimento de ideias

Nome

Nº

Ano

Período

Data

Para a eventual escrita ou reescrita do texto, devem ser observados os seguintes aspectos:

Elementos linguísticos	Textualidade	Elementos enunciativos
escolha lexical	paragrafação	abordagem do tema
concordância verbal e concordância nominal	coerência textual	adequação ao gênero
regência verbal e regência nominal	coesão textual	intencionalidade do texto
colocação pronominal	informatividade	adequação ao perfil do interlocutor e ao contexto
pontuação	conectividade	estrutura padrão do gênero
ortografia, acentuação	continuidade e progressão textual	variedade linguística/norma-padrão
crase		formalidade/informalidade
pessoas do discurso		adequação ao suporte
clareza		desenvolvimento de ideias

Nome

Nº

Ano

Período

Data

Para a eventual escrita ou reescrita do texto, devem ser observados os seguintes aspectos:

Elementos linguísticos	Textualidade	Elementos enunciativos
☐ escolha lexical	☐ paragrafação	☐ abordagem do tema
☐ concordância verbal e concordância nominal	☐ coerência textual	☐ adequação ao gênero
☐ regência verbal e regência nominal	☐ coesão textual	☐ intencionalidade do texto
☐ colocação pronominal	☐ informatividade	☐ adequação ao perfil do interlocutor e ao contexto
☐ pontuação	☐ conectividade	☐ estrutura padrão do gênero
☐ ortografia, acentuação	☐ continuidade e progressão textual	☐ variedade linguística/norma-padrão
☐ crase		☐ formalidade/informalidade
☐ pessoas do discurso		☐ adequação ao suporte
☐ clareza		☐ desenvolvimento de ideias

Nome

Nº

Ano

Período

Data

Para a eventual escrita ou reescrita do texto, devem ser observados os seguintes aspectos:

Elementos linguísticos	Textualidade	Elementos enunciativos
escolha lexical	paragrafação	abordagem do tema
concordância verbal e concordância nominal	coerência textual	adequação ao gênero
regência verbal e regência nominal	coesão textual	intencionalidade do texto
colocação pronominal	informatividade	adequação ao perfil do interlocutor e ao contexto
pontuação	conectividade	estrutura padrão do gênero
ortografia, acentuação	continuidade e progressão textual	variedade linguística/norma-padrão
crase		formalidade/informalidade
pessoas do discurso		adequação ao suporte
clareza		desenvolvimento de ideias

Nome

Nº

Ano

Período

Data

Para a eventual escrita ou reescrita do texto, devem ser observados os seguintes aspectos:

Elementos linguísticos	Textualidade	Elementos enunciativos
☐ escolha lexical ☐ concordância verbal e concordância nominal ☐ regência verbal e regência nominal ☐ colocação pronominal ☐ pontuação ☐ ortografia, acentuação ☐ crase ☐ pessoas do discurso ☐ clareza	☐ paragrafação ☐ coerência textual ☐ coesão textual ☐ informatividade ☐ conectividade ☐ continuidade e progressão textual	☐ abordagem do tema ☐ adequação ao gênero ☐ intencionalidade do texto ☐ adequação ao perfil do interlocutor e ao contexto ☐ estrutura padrão do gênero ☐ variedade linguística/norma-padrão ☐ formalidade/informalidade ☐ adequação ao suporte ☐ desenvolvimento de ideias

Nome

Nº

Ano

Período

Data

Para a eventual escrita ou reescrita do texto, devem ser observados os seguintes aspectos:

Elementos linguísticos	Textualidade	Elementos enunciativos
escolha lexical	paragrafação	abordagem do tema
concordância verbal e concordância nominal	coerência textual	adequação ao gênero
regência verbal e regência nominal	coesão textual	intencionalidade do texto
colocação pronominal	informatividade	adequação ao perfil do interlocutor e ao contexto
pontuação	conectividade	estrutura padrão do gênero
ortografia, acentuação	continuidade e progressão textual	variedade linguística/norma-padrão
crase		formalidade/informalidade
pessoas do discurso		adequação ao suporte
clareza		desenvolvimento de ideias

Nome

Nº

Ano

Período

Data

Para a eventual escrita ou reescrita do texto, devem ser observados os seguintes aspectos:

Elementos linguísticos	Textualidade	Elementos enunciativos
escolha lexical	paragrafação	abordagem do tema
concordância verbal e concordância nominal	coerência textual	adequação ao gênero
regência verbal e regência nominal	coesão textual	intencionalidade do texto
colocação pronominal	informatividade	adequação ao perfil do interlocutor e ao contexto
pontuação	conectividade	estrutura padrão do gênero
ortografia, acentuação	continuidade e progressão textual	variedade linguística/norma-padrão
crase		formalidade/informalidade
pessoas do discurso		adequação ao suporte
clareza		desenvolvimento de ideias

Nome

Nº

Ano

Período

Data

Para a eventual escrita ou reescrita do texto, devem ser observados os seguintes aspectos:

Elementos linguísticos	Textualidade	Elementos enunciativos
escolha lexical	paragrafação	abordagem do tema
concordância verbal e concordância nominal	coerência textual	adequação ao gênero
regência verbal e regência nominal	coesão textual	intencionalidade do texto
colocação pronominal	informatividade	adequação ao perfil do interlocutor e ao contexto
pontuação	conectividade	estrutura padrão do gênero
ortografia, acentuação	continuidade e progressão textual	variedade linguística/norma-padrão
crase		formalidade/informalidade
pessoas do discurso		adequação ao suporte
clareza		desenvolvimento de ideias

Nome

Nº

Ano

Período

Data

Para a eventual escrita ou reescrita do texto, devem ser observados os seguintes aspectos:

Elementos linguísticos	Textualidade	Elementos enunciativos
☐ escolha lexical	☐ paragrafação	☐ abordagem do tema
☐ concordância verbal e concordância nominal	☐ coerência textual	☐ adequação ao gênero
☐ regência verbal e regência nominal	☐ coesão textual	☐ intencionalidade do texto
☐ colocação pronominal	☐ informatividade	☐ adequação ao perfil do interlocutor e ao contexto
☐ pontuação	☐ conectividade	☐ estrutura padrão do gênero
☐ ortografia, acentuação	☐ continuidade e progressão textual	☐ variedade linguística/norma-padrão
☐ crase		☐ formalidade/informalidade
☐ pessoas do discurso		☐ adequação ao suporte
☐ clareza		☐ desenvolvimento de ideias